historia
de
México

Por la Superación del Ser Humano y sus Instituciones

historia
de
México

de la época Prehispánica a
nuestros días

Fernando Orozco L.

PANORAMA EDITORIAL

Portada:
"Hidalgo". Pintura mural del Palacio de
Gobierno; Guadalajara, Jalisco.
José Clemente Orozco
I.N.B.A.

HISTORIA DE MEXICO

Dibujos:
    José Narro

Primera edición: 1992
Sexta reimpresión: 1996
© Panorama Editorial, S.A. de C.V.
    Manuel Ma. Contreras 45-B, Col. San Rafael
    06470 - México, D.F.

Tels.: 535-93-48 • 592-20-19
Fax: 535-92-02 • 535-12-17
e-mail: panorama@iserve.net.mx

Printed in Mexico
Impreso en México
ISBN 968-38-0296-6

Indice

índice

Origen del Hombre Americano

Puede afirmarse con seguridad e incluyendo los últimos descubrimientos que el hombre, muy primitivo pero ya con la calidad de hombre, se gestó y evolucionó en los principios del Cuaternario, etapa en la cual geológicamente vivimos, pero culturalmente finalizada cuando el hombre inventó la escritura.

El hombre no es originario de América. En Europa, en Asia, en Africa y en Oceanía se han encontrado restos antiquísimos, pero no en América, donde ni siquiera se han hallado vestigios de "monos antropoides", considerados como los antecedentes del hombre.

Entonces ¿cuál será el origen del hombre americano? La cuestión se planteó desde el descubrimiento del Nuevo Mundo. Los intelectuales de los siglos XVI y XVII, formados en la educación escolástica, alegaron y escribieron que el indígena americano descendía de Noé o de la Séptima Tribu de Israel, que se había perdido. Otros autores supusieron que navegantes fenicios, egipcios o cartagineses, en sus periplos habían poblado algunas regiones del continente americano. Se habló también de tierras que desaparecieron, de la Atlántida y de otras ideas similares. Pero todas estas hipótesis carecen por completo de cientificidad. Por su parte y en nuestros días, el norteamericano Alex Hrdlicka y el mexicano Pablo Martínez del Río aseguran que la primitiva población americana estuvo formada por grupos de cazadores nómadas originarios del Asia oriental que atravesaron el Estrecho de Behring en grupos aislados hace unos 20 000 años a. C. Dichos investigadores demuestran su tesis mediante las posibilidades geográficas y las similitudes físicas y psíquicas. Por ejemplo, en lo físico: pelo negro, grueso, lacio y resistente; vello escaso en el cuerpo y en el rostro, que es ancho; pómulos salientes; nariz pequeña y achatada; ojos generalmente negros, alargados y oblicuos; dientes incisivos en forma de pala, con una concavidad en la parte posterior. En la forma del cráneo no hay uniformidad; los chinos del norte, por ejemplo, son dolicocéfalos, y los del sur, braquicéfalos; los indios de la América del norte, son dolicocéfalos; y los toltecas, olmecas y mayas, son braquicéfalos. En general, indígenas americanos y asiáticos del este tienen buena resistencia física, sin ser muy fuertes y son poco propensos a enfermedades endémicas y, débiles a las epidémicas.

Otros grupos indoamericanos, aunque poco numerosos y muy aislados, presentan otras características diferentes en su aspecto físico y en sus usos y costumbres, lo cual hace pensar en un distinto origen. Estas observaciones originaron que el antropólogo francés, Pablo Rivet, después de muchos años de estudio y cuidadosa investigación, estableciera que entre los indígenas de la

*Cazadores nómadas originarios del Asia oriental
atravesaron el Estrecho de Behring
20,000 años a. de C.*

América del sur hay grupos con características de los isleños del Océano Pacífico. Esto pudo haber ocurrido porque dichos isleños son magníficos navegantes y, quizás aprovechando las corrientes del océano, llegaron hasta las costas, principalmente a la altura del Ecuador, y aportaron rasgos raciales, lingüísticos y culturales distintos. Por lo tanto, se ha establecido que la población indígena no es autóctona de América, sino integrada, en su gran mayoría, por elementos procedentes del Asia Oriental que pasaron por el Estrecho de Behring en el Reciente de la era cuaternaria.

Al llegar a América, siguiendo a los grandes animales que cazaban, los emigrantes encontraron dos caminos a seguir: el valle del río Yukón, en Alaska, o las accidentadas laderas de las Montañas Rocosas. Ambos los protegían de los rigores del clima y los condujeron a las grandes praderas situadas en el centro de los actuales Estados Unidos, en donde encontraron grandes rebaños de animales por cazar, así como bosques en donde llevaban a cabo la recolección.

Según los descubrimientos hechos en diferentes partes de Norteamérica, los grupos nómadas correspondían a la cultura del Paleolítico pues tallaban la piedra, sabían encender el fuego y aprovechaban la carne, la piel y los huesos de los animales que cazaban. El movimiento de estos grupos desde Alaska hasta la frontera mexicana, debe haberse llevado a cabo en un lapso de unos cinco o seis mil años. Al suroeste de los Estados Unidos, en el territorio de Nuevo México, se han encontrado puntas de flechas talladas en piedra, así como otros instrumentos denominados en su conjunto Complejo Sandía. En otra zona más extensa, que va desde las Montañas Rocosas hasta el norte de México, se encontraron otros tipos de flechas, más perfeccionadas y en yacimientos muy considerables, llamadas por los peritos "Tipo Clovis", talladas para ser montadas en maderos como lanzas, que servían para cazar al mamut.

Otro tipo de punta de lanza muy característico encontrado en territorio norteamericano, pero cuyo uso debe haberse practicado hasta Centroamérica es el "Folsom", tallado con canaladuras a manera de sangrías, utilizado para apresar rápidamente a la víctima.

En territorio mexicano se han encontrado puntas de lanza de tipo Clovis en Baja California, Sonora y Sinaloa; y en Chihuahua, Coahuila, Durango, Nuevo León y Tamaulipas, lanzas del tipo Folsom. También existen restos de las culturas de hombres prehistóricos en Jalisco, Guanajuato, Michoacán, Oaxaca y Chiapas, lo cual pone de manifiesto su gran extensión en nuestro territorio.

Horizontes Culturales

La Historia de México está dividida en tres partes muy precisas que son: el México Indígena, el México Colonial y el México Independiente.

Como no se cuenta con documentos escritos que le otorguen un verdadero carácter histórico, el estudio del México Indígena se ha dividido en etapas denominadas Horizontes Culturales. Por Horizonte Cultural entendemos una etapa de desenvolvimiento, en la que subyacen varios rasgos culturales básicos y característicos difundidos en determinadas zonas geográficas. De acuerdo con este concepto, los Horizontes Culturales, según el doctor Alfonso Caso, son: el Prehistórico, el Preclásico, el Clásico, el Postclásico y el Histórico.

El Horizonte Prehistórico comprende el desarrollo cultural de los primeros pobladores de México quienes eran cazadores, particularmente de especies mayores. El desarrollo de su cultura fue el más prolongado pues duró de ocho a diez mil años. Terminó esta etapa con el descubrimiento de la agricultura y la cerámica.

El Horizonte Preclásico abarca desde el descubrimiento de la agricultura y la creación de la cerámica, con la formación de aldeas sedentarias, hasta la integración de las grandes ciudades indígenas. Su desarrollo fue de unos mil cuatrocientos años.

En el Horizonte Clásico, como su nombre lo indica, florecieron las grandes culturas como Teotihuacan, Monte Albán y el viejo Emporio Maya. Posee características únicas, clases sociales, gobiernos teocráticos y absolutistas que provocaron rebeliones de las clases trabajadoras. La guerra civil acarreó la destrucción de esas grandes ciudades y su abandono. Esta etapa de gran desarrollo duró aproximadamente del año 100 a. C. al año 850 d. C.

El Horizonte Postclásico transcurrió del año 850 hasta el de 1325. Se distingue por la formación de nuevas culturas; en ellas fueron sustituidas las sociedades teocráticas por gobiernos militaristas.

Por último, el Horizonte Histórico se desarrolló de 1325 a 1521 con la conquista de México por los españoles. Recibe este nombre porque de él ya hay escritos de indígenas castellanizados que narran usos y costumbres, así como documentos escritos por frailes franciscanos principalmente, que se ocuparon de reunir datos de la vida cotidiana de los pueblos conquistados.

Aunque todos los pueblos indígenas de México tenían algunos usos y costumbres semejantes entre sí, las diversas culturas tenían características propias que las distinguían unas de otras. Por ello ha sido posible establecer zonas culturales, a saber:

1. Zona Norte. Era transitada por tribus bárbaras seminómadas, que recurrían a la caza y a la recolección

para su sustento, y desconocían la agricultura. Esta zona está formada por los territorios de los actuales estados de Querétaro, Jalisco, Guanajuato y Zacatecas.

2. **Zona del Altiplano.** Ahí se desarrollaron las culturas teotihuacana, tolteca y azteca en los valles de Tula, Teotihuacan, México, Toluca, Morelos, Tlaxcala y Puebla.

3. **Zona del Occidente.** Se encuentra en la costa del Pacífico, desde Sinaloa hasta Michoacán y Guerrero. En ella floreció principalmente la cultura purépecha.

4. **Zona del Golfo.** Florecieron en ella las culturas de los pueblos de la Huasteca, del Tajín y la gran cultura olmeca, la cual llegó hasta Tabasco y el sur de Veracruz.

5. **Zona Oaxaqueña.** Ahí se desarrollaron las grandes culturas zapoteca y mixteca, en Oaxaca y partes de Puebla y Guerrero.

6. **Zona Maya.** Comprende en México los Estados de Yucatán, Quintana Roo y partes de Campeche, Tabasco y Chiapas; y en Centroamérica, Belice, Guatemala, Honduras, El Salvador y Costa Rica.

Culturas del Horizonte Prehistórico

El Prehistórico Americano se puede dividir, según su cultura, en tres grandes estadios: la cultura de los cazadores nómadas, la cultura de los cazadores-recolectores semisedentarios y la cultura de los cazadores-recolectores e incipientes agricultores. La evolución de estas culturas se llevó a cabo entre los 20 000 y 3 000 años a.d.C.

Los cazadores tenían una cultura eminentemente paleolítica y su economía estaba fincada únicamente en la caza del mamut, bisonte, caballo, megaterio, gliptodonte, camélidos y llamas o vicuñas. Sabían producir el fuego y tenían ciertas técnicas para preparar las pieles que les servían de abrigo. Se iniciaron en la recolección de frutos y semillas silvestres para suplir o complementar el producto de la caza. Aunque empleaban el fuego para preparar la carne lo hacían directamente, pues como consecuencia de su vida nómada desconocían el uso de la cerámica. También a causa de las necesidades de la cacería, se deduce que tenían que operar en grandes grupos de familias o clanes guiados por un jefe, el más fuerte o más experimentado, quien sabía todas las artimañas para cobrar buenas piezas.

Ante la necesidad de establecer grados de evolución de la cultura del hombre prehistórico en México, el doctor Helmuth de Terra ha clasificado en tres grupos los utensilios encontrados en el Valle de México, según sus características. Estos grupos son: la "Industria San Juan", encontrada en las excavaciones del túnel de Tequixquiac; consiste en lascas de obsidiana, buriles, raspadores de piedra y puntas de hueso; la "Industria Tepexpan", que consiste en raspadores, navajas, pulidores, martillos y machacadores de piedra; y el "Complejo Chalco" con otro tipo de útiles porque ya empezó a disminuir la cacería, se intensificó la recolección y se inició la agricultura. Los utensilios característicos de esta etapa son: raspadores, machacadores, martillos, metates de piedra, de forma irregular; y como síntoma de decadencia de la actividad de cacería, la disminución notable del número de puntas de lanzas o de dardos arrojadizos.

Normalmente, de la etapa de cazador el hombre se convierte en domesticador y pastor, sin dejar de ser nómada; pero en nuestro continente la domesticación apenas existió. En la América del Sur, el indígena domesticó la llama para obtener lana y usarla como bestia de carga. En la América del Norte se domesticó el perro, el guajolote y alguna otra especie menor, pero el reno y el bisonte sólo eran objeto de cacería. De cazador y pescador, el hombre americano se convirtió en horticultor. La experiencia como recolector lo llevó a observar el fenómeno de la reproducción de las plantas. Así en las partes próximas a la línea ecuatorial de la América del sur, se cultivaron tubérculos: yuca, guacamote y patata. Posteriormente se produjo la domesticación del maíz. Este tiene el nombre de Zea-Tunicata-Maíz y procede de la evolución de un antiguo maíz silvestre de las márgenes del Amazonas. Ese maíz tenía los granos cubiertos por una película, por eso le ha llamado "tunicata", de túnica; pero indudablemente que su aprovechamiento se produjo por la intervención de la mano del hombre, quien obtuvo, a base de cuidado y de trabajo, la hibridación con una gramínea llamada Tripsacum, de la cual resultó el maíz. Este debe haber sido de especie rudimentaria hasta convertirse en grandes mazorcas. Este maíz fue nombrado "Teocintle" (alimento de los dioses). La zona geográfica en donde quizás ocurrió esta "domesticación" del maíz debe haberse encontrado en Centroamérica.

Otro invento importante en las postrimerías del Horizonte Prehistórico es la alfarería o cerámica, la cual, junto con el uso de implementos de piedra pulida y de artículos de hueso, caracterizaron a esta etapa cultural. La cerámica permitió hacer trastos pequeños, de paredes gruesas y cocidos directos al fuego, por lo cual eran piezas de color negrusco manchado; servían para cocinar el maíz y otros alimentos, así como también para representar incipientemente a las fuerzas naturales, convertidas en primitivas deidades.

Culturas del Horizonte Preclásico

Los Olmecas

En forma natural el hombre del Prehistórico llegó a la cuenca del Valle de México, porque en su seno estaba una zona lacustre cerrada, muy cubierta de vegetación, a donde ocurrían grandes manadas de mamutes y otros enormes animales. Sin embargo, las condiciones climáticas cambiaron y desaparecieron los animales gigantes, todos mamíferos. Entonces, el hombre tuvo que mantenerse con la recolección e iniciarse en la agricultura a pequeña escala. Así empezaron las culturas del Preclásico.

Las características generales de las culturas de dicho periodo son: conocimiento de la agricultura, iniciación de la vida sedentaria, fabricación de objetos de barro e iniciación de un ceremonial religioso.

La variedad de los restos encontrados en diferentes lugares del país, correspondientes al Preclásico, han permitido dividirlo en tres etapas: el Preclásico Inferior, el Preclásico Medio y el Preclásico Superior. De los sitios

Por Horizontes Culturales se conocen las diferentes
etapas en las que se divide la historia
del México Indígena.

bien estudiados de este periodo, situados alrededor del gran lago de la cuenca del Valle de México, son importantes tres: El Arbolillo, Tlatilco y Zacatenco, en donde se han encontrado figuritas de barro, vasijas sencillas y entierros cercanos a los poblados o aldeas.

En el Valle de México, el Preclásico Medio se caracteriza por una gran influencia de la cultura olmeca especialmente en nuevos estilos de cerámica, máscaras, sellos de barro. Los muertos eran enterrados en posición fetal y aparece una incipiente religión al "dios-hombre-tigre". También empieza a estructurarse una organización social y política con una clase dirigente y grupos de artesanos especializados. Las estaciones principales del Preclásico Medio se han localizado en Copilco y Tlapacoyan en el Valle de México, y La Gualupita y Chalcatzingo, en Morelos.

En el Preclásico Superior aparecen los primeros templos y centros ceremoniales hechos con piedra y argamasa, aproximándose así a la idea de ciudad indígena. Se inicia una correlación intensa en la industria y el comercio, y la cerámica se refina en su técnica, con el empleo de colores y decoraciones. Los principales sitios o estaciones de esta etapa son Ticomán, Chimalhuacán, Tezcoco, Azcapotzalco y Teotihuacan, aunque se han localizado otros fuera del Valle de México.

La cultura más importante del Preclásico es la olmeca, cuyo desarrollo seguramente va del siglo VIII al VII a. C. Esta cultura, denominada por algunos arqueólogos "Cultura Madre" o "Cultura Origen", tuvo tres centros principales: dos en el sur del Estado de Veracruz (el Cerro de las Mesas y Tres Zapotes), y uno en el norte del Estado de Tabasco (La Venta), seguramente el más grande y característico, al grado de que a la cultura olmeca también se le ha llamado "Cultura de La Venta".

Esta cultura se originó en la Costa del Golfo de México; sin embargo, algunos investigadores aseguran que se inició en los límites de Oaxaca, Puebla y Guerrero, en donde se han encontrado restos primitivos y características olmecas.

El fin de la cultura olmeca parece ser que se inició por la presión de tribus o grupos procedentes del Viejo Emporio Maya. Los olmecas dejaron restos muy importantes en las zonas donde se desarrollaron; no fueron aniquilados, sino que se dispersaron llevando el legado de su brillante cultura a diferentes lugares del país, principalmente a Monte Albán, a Teotihuacan y al Tajín.

La Venta es el sitio donde los olmecas llegaron a su máximo desarrollo. Cuenta con un centro ceremonial con montículos religiosos, pisos muy bien labrados, columnas de basalto y pilares formando un semicírculo. Pero lo más notable del arte olmeca son las esculturas de enormes cabezas humanas, con todas las características físicas de ese pueblo: nariz ancha, mandíbulas fuertes, ojos en forma de almendra y, sobre todo, la "boca de jaguar" o boca olmeca, de labios abultados con carácter negroide. Las "estelas", o grandes piedras esculpidas, confirman que los olmecas contaban con un sistema calendárico y jeroglífico.

Casi todas las piezas de cerámica olmeca son finas y muy bien hechas, tienen representaciones del dios jaguar y la figura humana con cara de niño, de una exactitud y expresión sorprendente.

Horizonte Clásico

Emporio Maya y Teotihuacan

Este horizonte señala el máximo florecimiento de la civilización mesoamericana en las artes y en los conocimientos científicos, debido al crecimiento de las poblaciones y a la sólida estructura social, política y religiosa.

El Horizonte Clásico debe haber comenzado a principios del siglo I y terminó en el siglo IX. Aunque cada pueblo de este horizonte tenía una cultura propia, se fueron entremezclando unas con otras, pero las esenciales fueron la teotihuacana y la maya del Viejo Emporio, llamada así porque su estructura no era militarista.

Durante el periodo Clásico, la casta dirigente estuvo formada por los sacerdotes. Las ciudades eran metrópolis religiosas en donde se construyeron numerosos templos, palacios y juegos de pelota; grandes piezas con lugares destinados a mercados y a las grandes ceremonias religiosas. Toda la arquitectura era monumental, con grandes escalinatas y ornamentaciones, pinturas murales, recubrimiento de los muros con estuco y muy buenos sistemas de drenaje. Los cálculos astronómicos llegaron a su máxima exactitud; se llegó a una escritura jeroglífica, aunque sólo conocida por los sacerdotes; se inventó la técnica de la pintura al fresco; se inventaron las estelas conmemorativas. La cerámica cobró preciosismo y llegó a ser ritual y funeraria. La religión empezó a hacerse cumpleja por la creación de nuevos dioses y nuevas formas del culto. Mas todos estos adelantos y perfeccionamientos fueron muy lentos porque se careció de animales domésticos para el trabajo, se desconoció el uso del hierro y de algunos principios mecánicos, como el uso de la rueda, el torno y otros.

Hemos dicho que las dos culturas más avanzadas e importantes del Horizonte Clásico fueron la teotihuacana y la del Viejo Emporio Maya. Aquélla tiene un valor determinante porque fue la primera gran civilización de la altiplanicie mexicana, desde donde irradió su cultura a vastas y lejanas regiones, desde el sur de Sonora hasta Guatemala, y por el otro lado, hasta las costas del Golfo de México.

Gentes que procedían probablemente de los grandes centros culturales del Preclásico Superior se establecieron en el valle teotihuacano, donde se han encontrado piezas de cerámica con las características de las de Zacatenco y Ticomán. En estratos que señalan el progreso de Teotihuacan se han encontrado piezas de cerámica con particularidades olmecas, principalmente con símbolos relacionados con el dios del agua, el Quetzalcóatl teotihuacano. En esta etapa se construyeron las grandes pirámides del Sol y de la Luna, así como el espléndido templo del dios del agua y de la lluvia.

Hubo una tercera época en Teotihuacan cuyo gran desarrollo se extendió sobre todo en el Valle de México, hasta Centroamérica y el Occidente. Los teotihuacanos acogieron pueblos de baja cultura que finalmente se convirtieron en sus enemigos y destruyeron la gran ciudad. Cultivaron plantas alimenticias e industriales como el maíz, el frijol, la calabaza, el chile, el algodón, el maguey y otros. Emplearon sistemas de riego por canales. Sembraban en las laderas de los cerros por terrazas de cultivo. Fueron los creadores de las chinampas, pequeñas islas artificiales con tierra escogida. Tejían el algodón y el ixtle —inventaron una técnica para hacer pinturas de variados colores— con los que decoraban las paredes de sus palacios, empleando el "fresco". Practicaron un activo comercio con pueblos lejanos, mediante el trueque.

Teotihuacan fue un estado teocrático, es decir que los gobernantes eran los sacerdotes, quienes constituyeron una clase superior sobre una masa formada por agricultores, artesanos y comerciantes.

La religión de los teotihuacanos estaba basada en el culto a las fuerzas de la naturaleza: la lluvia, el fuego, el viento, el sol, etc. Pero su dios principal fue Tláloc, o dios de la lluvia, quien regaba sus tierras y hacía producir sus campos. Además, conocían el calendario, la numeración y las observaciones astronómicas.

Cuando se produjo la destrucción de Teotihuacan, sus habitantes emigraron para establecerse en poblaciones del Valle de México, como Azcapotzalco, Culhuacán y Chalco. Su cultura sirvió posteriormente para crear las culturas de Tula y la mexica.

La otra gran cultura del Horizonte Clásico fue la maya del Viejo Emporio. El territorio en que se desarrolló la civilización maya-quiché no pertenece exclusivamente a México. Dos regiones pueden diferenciarse: la región sur, que comprende zonas de Tabasco, Chiapas, la República de Guatemala, el territorio inglés de Belice, el noroeste de Honduras, Nicaragua, Costa Rica y El Salvador. La región norte corresponde a la península de Yucatán, integrada por los actuales Estados de Campeche, Yucatán y Quintana Roo.

La antigua civilización maya floreció en el sur. En Petén se encuentran las ciudades de Uaxactún, Tikal, Holmul, Nakum y San José en Belice. En la cuenca del río Usumacinta: Palenque, Yaxchilán y Piedras Negras. En el sur de la Cordillera: Copán, Chamá y Quiriguá. En Chiapas: Bonampak, Chinkultic y Santa Elena Tenam.

Uaxactún es una de las ciudades mayas más antiguas, probablemente la más antigua, según una fecha grabada que corresponde al año 127 d. C. Tiene restos de un templo, notable por su estilo y glifos de danzantes, copiados posteriormente por los zapotecas. Copán debe haber sido el centro intelectual de la gran zona maya, porque allí se realizaron los más avanzados progresos en las matemáticas y en la astronomía. Tenía una gran escalera cubierta de jeroglíficos que fue destruida completamente por las raíces de los grandes árboles. Esa misma suerte han tenido muchos edificios mayas.

Bonampak es notable por sus hermosos frescos plasmados en los grandes murales de tres salas. Presentan con mucho colorido escenas de la antigua vida maya; la técnica empleada corresponde a la del fresco antiguo con aplicación de cemento y estuco a las paredes; las pinturas se hacían mientras estaba húmedo. Se piensa que Bonampak data del año 540. Tikal es una ciudad enorme, con una pirámide de corona de más de 30 metros de altura. Yaxchilán y Piedras Negras tienen grandes y numerosas esculturas de piedra, muy hermosas.

Palenque es famosa por sus complicados y preciosos adornos con líneas simples y muy fino trabajo de estuco aplicado en bajorrelieve. Una losa prodigiosamente labrada, que pesa 5 toneladas, forma la parte superior de un altar al dios del maíz. En el interior de la pirámide principal se encontraron restos humanos que deben ser de un personaje importante. Este descubrimiento extraordinario ha hecho cambiar totalmente la idea de que las pirámides americanas sólo eran templos y no grandes urnas funerarias, como las de los faraones. Quiriguá presenta grandes estelas esbeltas, así como bloques de una piedra fina, muy bien tallada, con figuras extrañas y vegetación complicada.

Al referirnos a estas grandes culturas indígenas arbitrariamente empleamos el término "ciudad", cuando en verdad, eran centros religiosos en donde sólo vivían los grupos de sacerdotes gobernantes y se llevaban a cabo las grandes ceremonias del culto.

Morley, gran investigador y admirador de los mayas dice: "Habían ya desarrollado una notable arquitectura de piedra. Aunque los Mayas de ese tiempo no habían alcanzado el conocimiento del uso de los instrumentos de metal, fueron preeminentes en las artes lapidarias y en la escultura. Sobresalieron en la cerámica, artes textiles, plumería y el mosaico. Su conocimiento de la astronomía sobrepasó al de los antiguos egipcios de la época anterior al periodo ptolomeico; su escritura jeroglífica fue el único sistema gráfico original producido en las Américas; su cronología, exacta día por día dentro de un periodo de unos 375 000 años, fue precisa como nuestro calendario gregoriano; finalmente, su sistema vigesimal de numeración, caracterizado por el concepto del cero y por ser por posición —desarrollado completamente aparte del sistema sexagesimal de Babilonia y del decimal de la India— es uno de los descubrimientos intelectuales más significativos de toda la historia."

Las causas de la decadencia pueden atribuirse al cambio de las condiciones climáticas hasta el punto de imposibilitar la vida. Debe haberse producido un colapso en la economía, pues el rendimiento agrícola quedó muy abajo de las mínimas exigencias de consumo. Por otra parte, se produjeron revueltas contra la clase sacerdotal. El medio hostil, el hambre, las epidemias, la bancarrota económica y las revueltas obligaron a las poblaciones a emigrar o morir. La lucha contra la selva invasora fue del todo imposible. Así, el Viejo Emporio maya murió.

Culturas Regionales del Horizonte Clásico

Al desaparecer los grandes centros clásicos de Teotihuacan y el Viejo Emporio maya, se desarrollaron otras culturas, contemporáneas de aquéllas, las cuales, si bien tenían los rasgos esenciales clásicos, poseían diferencias locales muy características. Las culturas locales del Clásico fueron: la del Tajín, la Zapoteca y la de Xochicalco.

La cultura del Tajín o totonaca se desarrolló en la zona costera del centro del actual Estado de Veracruz; se trata de una vasta región con importantes ruinas arqueológicas, pero entre todas, la más característica es la del Tajín, situada en Papantla. Allí se encuentra una enorme ciudad, en la cual sobresale una alta pirámide de siete cuerpos revestida con piedras labradas y con 365 nichos. Tiene una escalera monumental con una especie de barandal con grecas simples que conducía a un altar, ahora desaparecido.

Los cazadores nómadas del Horizonte Prehistórico tenían una economía basada únicamente en la caza del mamut y otras especies.

Existen otras muchas construcciones en ruinas, la mayoría inexploradas, pero en todas se combinan columnas, relieves y losas bien labradas. En la ciudad de Cempoala se encuentran pirámides escalonadas y un templo de planta circular dedicado al dios del viento.

Los totonacas trabajaron finamente unas piezas de obsidiana, seguramente como objetos o presentes rituales a los cuales se les ha llamado "yugos, palmas y hachas", porque guardan mucho parecido con esas figuras. De la cerámica totonaca, que es muy variada y elegante, merecen principal mención las famosas "cabecitas sonrientes", consideradas como rasgo característico de esta cultura.

Los totonacas adoraban como deidad principal a Quetzalcóatl, sin embargo la pirámide del Tajín se destinó al dios de la lluvia y del trueno. Practicaban el "Juego del Volador" de índole ritual respecto al sol, en cuyo honor hacían sacrificios humanos.

Los zapotecas se establecieron en los valles del intrincado territorio montañoso del actual Estado de Oaxaca, en donde desarrollaron una importante cultura influida por la olmeca y la maya. Todo lo que se sabe de la cultura zapoteca procede de los descubrimientos arqueológicos de Monte Albán, elevación muy cercana a la ciudad de Oaxaca, en donde hay grandes edificios, suntuosas tumbas y grandes esculturas.

La decadencia de la cultura zapoteca se debió a la irrupción de pueblos comarcanos como los mixtecas, los zoques, las mazatecas y otros. Los zapotecas abandonaron Monte Albán y se refugiaron en Zaachila y en Mitla, nuevo centro ceremonial. Llegaron a ocupar vastos territorios y se posesionaron de regiones que actualmente pertenecen a los Estados de Puebla, Veracruz y Chiapas;

pero al ocurrir la decadencia de las culturas clásicas, quedaron limitados al territorio que tenían en el momento de la conquista española.

La cultura de Xochicalco se desarrolló en territorio del actual Estado de Morelos, al sur de Cuernavaca. Según los estudios arqueológicos se puede considerar como una continuación de la cultura de Teotihuacan. El principal monumento, que ha dado mucha fama a Xochicalco, es una pirámide construida en la cima de un cerro, formada por un alto talud, rematado por cornisa y friso que sirve de base a un segundo piso en donde se encuentran restos de un templo. La construcción tiene en sus fachadas hermosos relieves de serpientes emplumadas con bajorrelieves de guerreros y sacerdotes. Tiene también un juego de pelota semejante al de la zona maya del antiguo emporio. Sin duda, los habitantes de Xochicalco tenían como principal deidad a Quetzalcóatl, dios del viento y de la lluvia, constantemente representado en su figura de serpiente emplumada.

Horizonte Postclásico

Cultura Mixteco - Cholulteca

Cuando a finales del periodo Clásico se desarrollaban las "culturas" regionales, los pueblos mixtecas de Oaxaca y Puebla comenzaron a desarrollarse, iniciándose así el periodo Postclásico, principalmente en Cholula y en Tlaxcala. El origen de los cholultecas es olmeca; procedían de las costas del Golfo y llegaron a establecerse en Cholula, Tehuacán y otros lugares. Pero en Cholula ya existía una población de origen teotihuacano cuando se encontraron las dos culturas, olmeca y teotihuacana. Los olmecas dejaron entrar a los mixtecos, con el fin de expulsar a los teotihuacanos. Los mixtecos, que eran un tanto bárbaros, se fueron cultivando hasta formar una nueva población, la mixteco-cholulteca, mezcla de las culturas teotihuacana y olmeca, fundadora de una ciudad, en donde se encuentran restos de una gran pirámide, consagrada al dios de la lluvia. Su interior estaba hecho de adobes; su construcción fue el resultado de varias superposiciones con manifestaciones artísticas de diferentes culturas.

Los mixtecos eran eminentemente guerreros. En esto estriba la importancia de la cultura mixteco-cholulteca pues los gobernantes de este pueblo ya no fueron los sacerdotes, sino los caudillos militares. La población de Cholula no fue siempre la misma a través de su larga evolución —iniciada con los primitivos olmecas que la fundaron, hasta los toltecas y aztecas que la conquistaron en tiempos inmediatos a la conquista española.

Los cholultecas crearon la cerámica más hermosa de toda la Mesa Central para uso cotidiano y ornamental. El grupo más interesante de cerámica lo forman vasijas cuya pintura policroma consiste en delicados diseños decorativos, siempre característicos de Cholula. La cerámica de esa ciudad fue muy demandada en todo tiempo; por ejemplo, la fina vajilla en que se le servía la comida a Moctezuma, procedía de los alfareros cholultecas.

Otra importante cultura perteneciente al Postclásico fue la mixteca, la cual no sólo tuvo influencia en Cholula, sino también en las culturas de los pueblos nahuas. El nombre Mixtecapan significa "lugar cercano a las nubes", porque sus principales centros de población se encontraban en las cimas de la sierra situada entre Puebla, Oaxaca, Tlaxcala y Guerrero; los principales fueron Tilantongo, Yanhuitlán, Tlaxiaco y Tututepec, que fueron confederados, pero nunca llegaron a formar un Estado. Los pueblos-estados mixtecas tenían constantemente diferencias y guerras entre ellos hasta que tuvieron que unirse en una alianza militar para enfrentarse a los mexicas, que invadieron su territorio. Al principio, los pueblos mixtecas tuvieron amistosas relaciones con los zapotecas, pero luego los rechazaron obligándolos a abandonar Monte Albán y a limitarse a una región más pequeña del sur, hacia la costa de Tehuantepec. Mitla también cayó en poder de los mixtecas, quienes luego avanzaron hasta el valle de Puebla y después hacia el lago mexicano, estableciéndose unos grupos en Chalco y en Texcoco, e influyendo así en las culturas del Valle de México.

En el siglo xv, el caudillo mexicano Moctezuma I inició la conquista de la región mixteco-zapoteca y estableció una guarnición en Tlaxiaco; sin embargo, no todas las operaciones militares fueron exitosas para los guerreros de Moctezuma, pues fueron derrotados en varias ocasiones por los mixtecas. Pero finalmente éstos fueron vencidos y se convirtieron en tributarios de los mexicas.

La organización social de los mixtecas estaba dividida en dos grupos: el de los señores y el de los plebeyos. Los primeros eran los jefes militares y los dirigentes civiles y religiosos; los segundos formaban la masa del pueblo trabajador. Las ciudades-estados mixtecas estaban divididas en señoríos o posesiones de la tierra que habían recibido algunos señores por sus servicios militares. Cada señorío tenía que contribuir con una determinada cantidad de guerreros cuando era necesario entrar en campaña.

Los mixtecas adoraban a una pareja divina: el dios león y el dios tigre, quienes eran considerados autores de la creación; pero el dios principal era Yostaltépetl, "Corazón del Pueblo". También rindieron culto al sol y a Quetzalcóatl, como dios del viento y de la lluvia; a Cohul, como dios del maíz y a otros de menor importancia.

Además, los mixtecas fueron los que inventaron, o quizás trajeron de tierras lejanas, la técnica metalúrgica, específicamente del cobre, el oro y la plata. Los artífices mixtecos hicieron hermosos adornos muy variados con la técnica de la cera fundida.

Por otra parte, los mixtecas emplearon la pintura ideográfica; los artistas representaban en los frescos murales, las grandes leyendas tradicionales de dioses, animales, plantas y seres humanos. La cultura mixteca fue la última del Horizonte Postclásico.

Horizonte Histórico

Los Toltecas

Desde las postrimerías del Clásico entraron al Valle de México grupos nómadas, como el de los otomíes y los tolteca-chichimecas que procedían del sur de Zacatecas y de Jalisco. Otomíes y chichimecas eran tribus bárbaras, mientras que los toltecas tenían una bien estructurada civilización. Las leyendas de origen tolteca cuentan que procedían de un lugar llamado "Huehuetlapallan", probablemente situada entre los ríos Gila y Colorado. La carencia de medios de vida hizo que los toltecas abandonaran aquella región y marcharan hacia el sur cruzando territorios de los actuales Estados de Sonora, Sinaloa, Nayarit, Jalisco, norte de Michoacán, sur de México, hasta llegar al Estado de Hidalgo. El caudillo tolteca que guiaba a los emigrantes se llamaba Mixcóatl, a quien se le atribuye la paternidad de Ce-Acatl, que significa "Uno-Caña". Este último personaje se llamó

Quetzalcóatl, y llegó a ser rey-sacerdote, como en la antigua cultura de Teotihuacan.

Las tradiciones atribuyen a Ce-Acatl-Topiltzin-Quetzalcóatl el hecho de haber fundado la capital de su reino en Tula, en un valle fértil y protegido por elevaciones, para poderse defender de los enemigos. Aunque después de la fundación de Tula los toltecas se mezclaron con los otomíes, con los nonoalcas y otros, acrecentando así el Imperio Tolteca, entraron en contacto con otros pueblos que mantenían vivos los restos culturales de la civilización clásica.

Topiltzin-Quetzalcóatl luchó enérgicamente por implantar la cultura y se convirtió en símbolo de la lucha contra la barbarie, de suerte que su reinado fue reconocido como la "Edad de Oro" de la cultura tolteca. Durante esa época fue reformado el calendario, se empleó la metalurgia en oro, plata y cobre, se impulsaron todas las artes y la ciudad de Tula se llenó de templos y palacios, mejorándose las costumbres e iniciándose una reforma religiosa de serias consecuencias.

Durante algún tiempo, Ce-Acatl-Topiltzin-Quetzalcóatl logró dominar a sus enemigos, encabezados principalmente, por caudillos militares contrarios al régimen teocrático fundado por él. Pero finalmente Quetzalcóatl fue derrotado por los jefes militares y se vio obligado a emigrar hacia Cholula, en donde permaneció algunos años. Después continuó su peregrinación hacia las costas del Golfo; narra la leyenda indígena que al llegar al mar, embarcó en una balsa y navegó hacia el oriente, de donde ofreció regresar algún día acompañado de sus hermanos, blancos y barbados. Los indígenas le rendían homenaje a la estrella Venus, o "Lucero de la Mañana", como representante de Quetzalcóatl.

Los enemigos de Quetzalcóatl, adoradores de Tezcatlipoca, establecieron una nueva monarquía, cuyo más importante rey fue Huémac, "El de las Manos Grandes". Durante el gobierno de Huémac se produjo la destrucción de Tula debida en parte a las luchas internas y en parte a la llegada de nuevos grupos bárbaros chichimecas; así, Huémac se vio obligado a refugiarse en Chapultepec hacia el año 1168. Al ser destruida Tula, se produjo la emigración de sus antiguos habitantes, quienes con el nombre de "tribus nahuatlacas" llegaron al Valle de México, hacia el año 1224.

Según la tradición, estos grupos nahuatlacas, principalmente chichimecas, procedían de un lugar llamado Aztlán-Chicomoztoc que significa "Lugar de garzas, en donde están las siete cuevas". Estos chichimecas, guiados por un caudillo llamado Xólotl, se establecieron cerca de Tizayuca.

Al poco tiempo de llegar los chichimecas de Xólotl, empezaron a llegar otras tribus, que en calidad de tributarios de los de Tizayuca, se fueron estableciendo en torno a la laguna. Estos pequeños grupos nahuatlacas fueron los xochimilcas, los tecpanecas, los chalcas y los alcolhúas. Como su nombre lo indica, los primeros fundaron Xochimilco; los terceros, Chalco. Los tecpanecas se establecieron en Azcapotzalco y los acolhuas, en Tezcoco. Llegaron otras dos tribus, pero ya no encontraron asentamiento en el valle y se establecieron, los tlaxcaltecas, en el valle que llamaron Tlaxcala y los tlahuicas en el sur, en Cuernavaca (Cuauhnáhuac).

Por esa época comenzó la supremacía de Azcapotzalco, capital de los tecpanecas. Esa ciudad era un lugar importante desde épocas muy remotas, pero aumentó su importancia con la llegada de los nahuatlacas-tecpanecas.

Los olmecas esculpieron con gran maestría cabezas monumentales que poseen características físicas muy destacadas.

Gobernaba Azcapotzalco un jefe guerrero notable llamado Tezozómoc, quien arrebató la posesión de Tenayuca a los chichimecas. A partir de entonces, Tezozómoc se convirtió en un cacique tiránico que logró sujetar bajo su dominio a todos los pueblos del gran lago del Valle de México, excepto Tezcoco, que estaba gobernado por Ixtlixóchitl.

Finalmente llegaron al Valle de México los últimos emigrantes de Aztlán, los mexicas, que con la autorización de Tezozómoc se establecieron en Chapultepec, para luego empezar a construir un islote artificial en donde fundaron su ciudad.

Tezozómoc resolvió determinar si Tezcoco le era también un pueblo vasallo, y en caso de no serlo, obligarlo a que fuera. A tal efecto envió a Ixtlixóchitl unas cargas de algodón para que se las labrasen. Ixtlixóchitl no estaba preparado para la guerra y tuvo que cumplir el pedido, pero inmediatamente empezó a alistar a sus guerreros. Los tecpanecas, auxiliados por combatientes de los pueblos vasallos, entre ellos los mexicas, llevaron la guerra contra los acolhuas, los derrotaron y mataron a Ixtlixóchitl en presencia de su pequeño hijo Netzahualcóyotl. Tezcoco quedó dividido entre Azcapotzalco y los mexicas. Sin embargo, al ocurrir la muerte de Tezozómoc, comenzó la decadencia de Azcapotzalco. Maxtla, un señor usurpador del trono tecpaneca, fue muerto en Coyoacán; Azcapotzalco fue destruido y sus tierras repartidas entre los guerreros vencedores.

Tezcoco recibió como nuevo monarca al joven Netzahualcóyotl quien condujo a su pueblo a un alto grado de cultura. Cuando obtuvo el cetro, hizo una alianza con los mexicas y compartió con ellos las tierras conquistadas. Construyó grandes obras de irrigación, bordos de seguridad contra las inundaciones y un palacio, de los más bellos de la época. Hizo valiosas observaciones astronómicas y fue muy aficionado a las artes y a las letras. Murió poco antes de la llegada de los españoles.

El Nuevo Imperio Maya

El nuevo Imperio Maya tuvo su asentamiento en la parte norte de la península de Yucatán, en terrenos bajos y llanos; su suelo calizo carece de ríos de superficie y sólo tiene corrientes subterráneas con ojos al exterior, llamados "cenotes". Todos los pueblos han buscado las proximidades de yacimientos de agua para fundar sus ciudades, por eso es explicable que los mayas del Nuevo Imperio establecieran sus grandes centros de población en las cercanías de esos cenotes.

Por informes comprobados se tiene el dato preciso de que en el año 987 llegaron los mayas, procedentes del Viejo Emporio. El más importante de los grupos mayas recién llegados fueron los itzaes, quienes fundaron una ciudad a la cual llamaron Chichén-Itzá, que significa "Boca de los Pozos de los Itzaes". Sin duda, en su peregrinación los mayas habían entrado en sólido contacto con los nahuas porque poseían una nueva religión, basada en la adoración a la "Serpiente Emplumada" con el nombre de Kukulkán, en realidad, el Quetzalcóatl de los toltecas con las mismas atribuciones. Es necesario explicar en esta parte por qué le llamamos a esta cultura del Horizonte Histórico "Nuevo Imperio Maya" y no "Emporio Maya". Se debe a que los mayas establecidos en Yucatán eran guerreros prestos a combatir, no sólo con los nativos que allí encontraron, sino contra otros grupos mayas que habían llegado a Yucatán. Los sacerdotes cedieron su lugar como gobernantes a los caudillos militares. Con la gran aportación cultural del Viejo Emporio y lo aprendido de los toltecas-nahuas, los pobladores de Chichén-Itzá lograron un brillante desarrollo y su ciudad fue el centro religioso más importante de Yucatán. De esa notable época proceden los hermosos monumentos cuyas ruinas todavía son espectaculares, como el Castillo, el Templo de los Guerreros, el extraordinario conjunto de las Mil Columnas, el Juego de Pelota y otros edificios de no menor importancia.

Chichén-Itzá muestra una combinación de culturas, maya del Viejo Emporio y tolteca. Las leyendas cuentan que esa ciudad-Estado fue gobernada por un caudillo llamado Kukulkán, lo cual es, en verdad, sólo una reminiscencia del fuerte contacto con los toltecas, quienes transmitieron a los mayas emigrantes el mito de Quetzalcóatl.

Otros grupos mayas fundaron las grandes ciudades de Mayapán y Uxmal. Mayapán estuvo gobernada por unos caciques-sacerdotes-guías, llamados genéricamente los Cocom. Esta ciudad tenía contacto cultural con los toltecas, pero no tan fuerte como Chichén y Uxmal, fundada esta última, por un caudillo tolteca llamado Tutulxiu, eminentemente militar. Estas tres grandes ciudades rivalizaban en poderío, pero estaban gobernadas por hábiles jefes que veían el peligro de una guerra inminente, por lo cual se pusieron de acuerdo en Mayapán para comprometerse a estar siempre en paz y unión. Esta liga o alianza, llamada de Mayapán, duró dos siglos; en este lapso en las ciudades del Nuevo Imperio se construyeron magníficos edificios, se incrementaron las poblaciones y florecieron las artes y las ciencias. La paz dio paso al progreso, pero luego se produjeron rivalidades entre Chichén-Itzá y Mayapán a causa del predominio de las dos ciudades. El señor de Mayapán fue quien rompió las hostilidades al atacar a los itzaes argumentando un simple pretexto. Los itzaes, desprevenidos, fueron derrotados por los de Mayapán, quienes iban apoyados por escuadrones de guerreros nahuas, muy valientes. Los itzaes fueron expulsados de su ciudad. A partir de 1204 los guerreros de Mayapán se convirtieron en señores de toda la región del Nuevo Imperio Maya, pero Chichén-Itzá siguió siendo un lugar sagrado, donde llegaban peregrinos de toda la región maya.

La supremacía de Mayapán duró casi dos siglos. Sus jefes fueron verdaderamente tiranos que impusieron su voluntad a los pueblos comarcanos obligándolos a entregar rehenes. Pero llegó el día en que los rehenes, jefes militares notables, se sublevaron, dieron muerte a los gobernantes y a sus familiares, e incendiaron Mayapán, la cual jamás volvió a resurgir. Los rehenes liberados regresaron a sus pueblos. Sin embargo, al parecer la anarquía siguió a dicha rebelión. No volvió a existir un gobierno centralizado en Yucatán: todos los señoríos estaban en guerra constantemente entre sí. Algunos grupos mayas emigraron al Petén, situado en Guatemala; y otros, menos numerosos, fundaron una ciudad pequeña, a la cual llamaron T-ho, que significa "Lo que fue", como un recuerdo del gran esplendor que tuvo su civilización. Así, cuando llegaron los españoles a Yucatán en 1541, encontraron una serie de pueblos desunidos y desintegrados políticamente, lo que les permitió el fácil dominio de la región.

Los Mexicas

La séptima tribu nahuatlaca que llegó al Valle de México fue la de los tenochcas, llamados así porque vinieron guiados por un sacerdote llamado Tenoch, que significa "Tuna de Piedra". También se llamaban ellos mismos los "mexicas" en honor de su dios principal, el dios de la guerra, Huitzilopochtli, poseedor de otro nombre: "Mexitli", que significa "Xiote o hijo del maguey". Como las otras tribus, procedían de aquel lugar legendario llamado Aztlán-Chicomoztoc que, según las últimas investigaciones, puede haberse encontrado no muy lejos del valle de Toluca.

Se sabe que llegaron en el siglo XIII, pero no hay ninguna seguridad del itinerario que siguieron; anduvieron peregrinando unos ochenta años, deteniéndose en múltiples ocasiones con el fin de sembrar y recoger la cosecha, para luego seguir el camino. Llegaron a Tula y probablemente tomaron parte en la destrucción de esa ciudad. En principio resolvieron quedarse en aquella región, pero su dios Huitzilopochtli, por medio de una avecilla legendaria que decía "Tihui-tihui", les indicaba que continuaran el camino y llegaron a Atotonilco, Aposco y Huitztepec. En Tzumpango fueron bien recibidos y de allí siguieron a Xaltocan, en donde permanecieron varios años. Continuaron peregrinando a Pantitlán, a Popotla y se establecieron en Chapultepec, perteneciente a los tecpanecas de Azcapotzalco.

La elección de Chapultepec como sitio para detenerse, fue una decisión de carácter militar de los mexicas, porque el punto reunía las condiciones necesarias para defenderse: un cerro pequeño rodeado de agua. También en ese lugar y por las mismas razones, fue sustituido el sacerdote-guía Tenoch por un jefe guerrero llamado Huitzilihuitl, "Pluma de Colibrí". No tardaron los mexicas en hacerse notar por su laboriosidad cuando prepararon el suelo para cultivarlo. Por eso los pueblos comarcanos comenzaron a hostilizarlos. Para el efecto, Azcapotzalco, Culhuacán y Xaltocan formaron una alianza que aportó guerreros, con quienes atacaron a los recién llegados y mataron en los combates al propio Huitzilihuitl. Pasó luego el gobierno al sacerdote Tenoch, quien los había guiado en las últimas fases de la peregrinación.

Los mexicas fueron desalojados de Chapultepec; se retiraron a Atlacuihuayan, actualmente Tacubaya, de donde se dirigieron a Culhuacán para solicitar un lugar donde establecerse. El señor de Culhuacán les destinó Tizapán, región salitrosa y con muchos pedregales, pero el ingenio y laboriosidad de los mexicas lograron que esa tierra se convirtiera en un vergel. Los mexicas eran muy belicosos y agresivos, por lo cual fueron arrojados de Tizapán.

Cuenta la leyenda que recorriendo el lago para buscar alimentos, dieron con el lugar donde había una isleta; ahí encontraron un nopal en donde estaba posada un águila devorando una serpiente. Era la señal que Huitzilopochtli, dios de la guerra, les había dado para fundar su ciudad. Dicho suceso ocurrió según las crónicas, el año 1325. Según algunos historiadores, el islote quedaba frente al actual Palacio Nacional, en el Zócalo; otros aseguran que estuvo en donde luego se levantó la Catedral; y otros más, dicen que en la plaza de Santo Domingo.

Los mexicas levantaron un pequeño adoratorio, sacrificaron a un prisionero que habían capturado en las orillas de la laguna, e inmediatamente repartieron la zona en cuatro barrios o calpullis, de acuerdo a los cuatro clanes que formaban la tribu: al suroeste, el de Moyotlán; al sureste, el de Xoquiapan; al noroeste, el de Cuepopan; y al noreste, el de Atzacualco.

El problema principal de los mexicas era el de preparar tierras de cultivo sobre la laguna; para ello aplicaron el sistema de chinampas que habían aprendido en su peregrinaje. Pronto los islotes unidos por chinampas con tierra bien escogida y buena humedad, produjeron abundantes cosechas.

En cierta ocasión, Tenoch y otro sacerdote encontraron dos envoltorios pequeños. Uno contenía pedazos de madera muy secos y el otro, algunos chalchihuis o piedras preciosas. Tenoch, quien encontró los pedazos de madera, aseguró que los dioses le habían dado esa madera para poder producir el fuego. El compañero no opinó lo mismo y se produjo una disidencia que iba a tener consecuencias. La tribu mexica se dividió; los seguidores de Tenoch fundaron el México-Tenochtitlan; y los que siguieron al sacerdote Atlacuahuitl se fueron a vivir a una pequeña isla muy cercana, donde había un montón de tierra, llamada Tlatelolco. Así, pues, existieron el México-Tenochtitlan y el México-Tlatelolco, que llegaron a ser dos pueblos rivales.

Los caciques tecpanecas exigieron a los mexicas que rindieran tributo en su calidad de dueños del lago donde se habían establecido. Los mexicas lo hicieron, pero guardaban la esperanza de poder quitarse ese vasallaje ofensivo.

Imitando a los pueblos comarcanos, los mexicas resolvieron poner como jefe de gobierno a un caudillo militar, pero como entre ellos no había ninguno de linaje apropiado, pidieron al señor de Culhuacán les concediera un mancebo para hacerlo su soberano, y les dio a su nieto a quien los mexicas nombraron "Acamapichtli" (El que empuña la caña, es decir, el que tiene el bastón de mando). Este suceso disgustó al señor de Azcapotzalco, Tezozómoc, que aumentó las exigencias tributarias a los mexicas. Durante el gobierno de Acamapichtli se construyeron las primeras casas de piedra en Tenochtitlan.

El segundo monarca mexica fue Huitzilihuitl, hijo del caudillo Acamapichtli. Este soberano logró aliviar el peso de los tributos al casarse con una nieta del tirano Tezozómoc. Durante su gobierno subió al trono de Tezcoco el príncipe Ixtlixóchitl quien al poco tiempo fue despojado de su señorío por el tirano Tezozómoc. Los mexicas tuvieron que ayudar con guerreros para combatir a Ixtlixóchitl, muerto ante la presencia de su pequeño hijo Netzahualcóyotl.

El tercer soberano mexica fue Chimalpopoca, "Escudo que humea", hijo del anterior y nieto de Tezozómoc, que intercedió para proteger al joven príncipe Netzahualyócotl. Durante esta época murió Tezozómoc, dejando el señorío a Teyatzin, derrocado luego por su hermano Maxtla. Al querer ayudar al soberano tecpaneca, Chimalpopoca fue hecho prisionero por Maxtla y murió en la cárcel.

El cuarto soberano fue Izcóatl, "Serpiente de pedernal", que con Tezcoco y Tacuba formó una alianza militar para enfrentarse al usurpador Maxtla a quien derrotaron y dieron muerte en su propia capital. Con este gran triunfo los mexicas no sólo lograron independizarse de Azcapotzalco, sino que llegaron a ser el pueblo más fuerte del valle, sujetando a su dominio los señoríos de Coyoacán, Xochimilco, Tláhuac y Mixquic, e iniciando la conquista de Chalco y la de los Tlahuicas. Desde el punto de vista social, se formó una casta superior con el grupo de guerreros victoriosos a la cual quedó sometido el pueblo.

El quinto soberano fue Moctezuma Ilhuicamina, el "Flechador del Cielo", guerrero que mucho se había distinguido en la guerra tecpaneca. Llevó a cabo la completa conquista de Chalco; posteriormente los ejércitos conquistaron los territorios que ahora corresponden a los Estados de Puebla, Veracruz, Morelos, Guerrero y Oaxaca. Durante el gobierno de Ilhuicamina hubo una hambruna. Los sacerdotes dijeron que era un castigo porque Huitzilopochtli quería mayor número de víctimas humanas. Pero como no había prisioneros, se acordó con Tlaxcala, Huejotzingo y Cholula, pueblos que no les eran tributarios, que periódicamente combatieran sus guerreros, con el único objeto de hacerse mutuamente prisioneros para que fueran víctimas en los altares de los dioses. A esta lucha permanente le llamaron la Guerra Florida. Moctezuma I, o Ilhuicamina, construyó el acueducto que traía el agua desde Chapultepec hasta el centro de la ciudad lacustre; reedificó el templo de Huitzilopochtli y levantó un fuerte dique para contener las aguas del lago de Tezcoco.

Muerto Ilhuicamina, recibió el bastón de mando su hijo Axayácatl, "Cara de agua". La principal acción del sexto soberano fue la guerra contra Tlatelolco, que al ser vencido, quedó incorporado a Tenochtitlan como otro barrio. Axayácatl emprendió una fallida expedición contra Michoacán. Entre las obras notables de su gobierno destaca el labrado del enorme monolito conocido como Calendario Azteca, piedra votiva en honor del Sol.

Al iniciarse el reinado de Axayácatl murió el señor de Tezcoco, Netzahualcóyotl, gran aliado de México, quien dejó a su hijo Netzahualpilli como heredero legítimo.

El séptimo soberano mexica fue Tizoc, "Pierna en-

Al Horizonte Clásico pertenece la época de mayor esplendor del mundo maya.

ferma", monarca desafortunado que causó disgusto a la clase guerrera porque en su expedición hacia las Huastecas trajo muy pocos prisioneros para las fiestas de su entronamiento. Llevó a cabo la primera gran reconstrucción del templo mayor. Murió envenenado por sus descontentos súbditos.

Subió al trono mexica como octavo soberano el jefe guerrero Ahuízotl, "Perro del agua". Era hijo de Moctezuma Ilhuicamina y hermano de Axayácatl y de Tizoc. Fue el más belicoso y cruel de los monarcas mexicas. Llevó a cabo muchas campañas y en las fiestas de su elevación al poder se sacrificaron más de mil prisioneros. Mandó ampliar el gran Templo Mayor y en la ceremonia de inauguración fueron sacrificados más de veinte mil prisioneros. Ningún episodio de la historia del mundo puede compararse con esa terrible festividad de los mexicas. Ahuízotl mandó construir un nuevo acueducto en Coyoacán, que provocó el desbordamiento de las aguas y, por ende, una gran inundación. Cuando inspeccionaba las obras de salvamento una viga le golpeó la cabeza y le produjo la muerte.

El noveno soberano mexica fue Moctezuma Xocoyotzin, "Señor sañudo y joven". Hijo de Axayácatl era un joven orgulloso y soberbio; organizó una corte con severa etiqueta. Llevó a cabo muchas expediciones militares, pero no todas con éxito. El territorio sujeto por los mexicas era enorme pues llegaba desde Chalchicuecan —actualmente Veracruz— hasta el Pacífico; y, desde el reino de los purépechas hasta Centroamérica. Moctezuma era muy religioso y se dejaba influir por las consejas y las supercherías. Durante su reinado, los mexicas sujetaban con férreo despotismo a los pueblos vasallos, de modo que cuando llegaron los españoles, en vez de unirse contra los conquistadores, se aliaron con ellos para librarse de la dominación terrible de sus señores.

Los dos últimos monarcas mexicas fueron Cuitláhuac y Cuauhtémoc, quienes lucharon heroicamente por la libertad de su pueblo.

En poco menos de dos siglos el pueblo mexica, inicialmente miserable, pequeño y emigrante, llegó a ser un verdadero y potente imperio, gracias a su trabajo y su energía. Tuvieron una sólida organización social, política y económica. El más alto puesto lo ocupaba el Hueytlatoani, cargo al que los españoles lo compararon con el de rey. Aquél era el jefe del ejército, de la religión y del gobierno.

Los cargos administrativos eran desempeñados por un "Cihualcóatl", especie de supervisor general, que vigilaba el ejercicio de la justicia, de la hacienda y de la religión. Después seguían los "Tlatoani", señores gobernadores de provincias; los "Petlácatl", tesoreros que recogían los tributos de las poblaciones vasallas; los "Calpixques", que eran los recolectores de tributos; los "Calpuleques", jefes de calpullis o barrios, que se reunían periódicamente en una especie de senado llamado "Tlaltocan" en donde se tomaban las grandes decisiones gubernamentales. Los "Tecutlis" eran los nobles, quienes gozaban de privilegios y desempeñaban diferentes cargos en la administración.

El soberbio emperador Moctezuma Xocoyotzin estrenó un nuevo título, el de "Tlacatecutli", "Señor de Señores", superior a todos los títulos anteriores de la nobleza.

La base de la sociedad mexica era la clase de los "macehuales" o plebeyos. Estos eran los "mayeques" o agricultores; los "tamemes" o cargadores; los albañiles, los carpinteros, los canteros, los orfebres, etc.

Los "Pochtecas" eran los comerciantes, personajes prominentes, pues en sus lejanos viajes desempeñaban misiones de espionaje, y luego daban información a los jefes militares de todo lo que veían en las ciudades o pueblos a los que se intentaba atacar.

En general, la organización del Estado mexica era notable; su funcionamiento dejó asombrados a los conquistadores españoles. Sus instituciones eran, en muchas ocasiones, superiores a las hispanas, al grado de que después de la conquista, los gobernantes españoles respetaron muchas de las formas de gobierno indígena. Ese era el México que encontró Cortés.

Los Purépechas o Tarascos

Esta cultura también correspondió al Horizonte Histórico. Narra la leyenda que los purépechas salieron junto con los mexicas de su lugar de origen, pero aquéllos se detuvieron en Pátzcuaro, acaudillados por Ireticátame, en donde fundaron su señorío. Los purépechas son conocidos indebidamente en la historia de México con el nombre de tarascos, denominados así por los españoles. "Tarasco" significa "cuñado", nombre con el que los jefes purépechas trataban a sus amigos. El personaje purépecha más importante fue Tariácuri por ser el verdadero fundador del señorío. Al morir este caudillo, el reino quedó dividido en tres señoríos: Pátzcuaro, a cargo de su hijo Higuanaje, Tzintzuntzan y Huatzio, encargados a sus sobrinos Tangaxoan e Hirepan, respectivamente.

Los purépechas extendieron su poderío en una vasta extensión del occidente y el centro de México. Eran agricultores, pescadores y cazadores. Su organización agraria dividía las tierras en cuatro partes: una para el monarca, otra para los sacerdotes y el culto, otra para la nobleza; y el resto, para el pueblo en forma comunitaria. Practicaban intensamente el comercio: al interior, con los más alejados pueblos de sus posesiones, y al exterior, con los pueblos vecinos y los muy distantes.

La religión de los purépechas era tan complicada como la de los mexicas, y como éstos, practicaban los sacrificios humanos. Su dios principal era Curicaveri, dios del fuego y personificación del sol. Sus templos o adoratorios constituían pequeñas pirámides hechas con adobes y se les llamaba "Yácatas" que también servían como monumentos funerarios, pues ahí sepultaban a sus personajes importantes.

Los purépechas llegaron a la edad de los metales pues trabajaron el cobre e hicieron una gran variedad de piezas instrumentales y de ornamentación. En el arte plumario fueron excelentes tejedores de plumas de aves. Posteriormente su renombre llegó a España: de plumas hacían capas y mantos para vestirse y adornarse. Sin embargo, no llegaron a tener ningún tipo de escritura. La cultura purépecha es contemporánea de las culturas del Horizonte Histórico, de otro modo no se podría asegurar que corresponde al Preclásico.

En el territorio mexicano se desarrollaron otras culturas con características propias, pero no fueron numerosas ni compitieron con las que llenan el gran cuadro de este horizonte.

Descubrimiento de América

La historia del mundo no posee ningún suceso de tan formidable impacto como el descubrimiento de América. El acontecimiento se fue asimilando en el transcurso del tiempo porque desde las primeras exploraciones hasta ya entrado el siglo XVII, no se tenía una idea precisa de la extensión y de la forma de este continente que, según Colón era la India o Cipango o Catay. Inclusive ni el propio cartógrafo que, por circunstancias muy particulares, prestó su nombre al continente descubierto sabía mucho de él. América fue pues una sorpresa y un enigma; representó un cambio radical para la humanidad en todos los sentidos; hasta la alimentación de la mayoría de los pueblos europeos dio un giro de trescientos sesenta grados, pero ¿cómo ocurrió esto?

Afirmar que Cristóbal Colón y sus compañeros fueron los primeros europeos que pisaron suelo americano sería falso. Existen pruebas irrefutables de que los pescadores o los navegantes vikingos estuvieron antes en las costas de la América del Norte. Lo demás que se ha dicho es producto de la imaginación o de leyendas sin base científica. El caso fue que con la captura de Constantinopla los turcos, dueños del Cercano Oriente, imposibilitaron todo comercio con Europa. En esa época, habían ido desapareciendo las ideas de la Edad Media acerca de la forma de la Tierra y se retornó al concepto de que era una esfera, aunque se creía de dimensiones menores. El uso de las especias, procedentes del Océano Indico a través de Asia, se había hecho indispensable en Europa, así es que al cerrar los turcos las puertas del comercio, los europeos buscaron un camino hacia la Tierra de las especias, que no pasara por las posesiones otomanas. Correspondió a los portugueses ser los primeros exploradores porque eran muy osados y experimentados marinos y porque Portugal constituye la avanzada de la tierra firme hacia el mar.

A principios del siglo xv, los portugueses, vasallos del rey Alfonso IV, descubrieron las islas Canarias y así fueron explorando las costas africanas para llegar a las islas Azores y las de Cabo Verde; el marino portugués, Fernando Po llegó a descubrir las costas del golfo de Guinea. Todo ocurrió gracias al impulso dado a las exploraciones por el príncipe Enrique, a quien llamaron "El Navegante". Este príncipe fundó en un promontorio portugués llamado Sagres, una verdadera escuela de marinos teórica y práctica, en donde se hacía cartografía, se manejaban la aguja de marear o brújula, el astrolabio y otros aparatos rudimentarios, pero eficaces.

Cuando subió al trono lusitano el rey Juan II, le dio nuevo impulso a las empresas exploradoras. Envió al marino Bartolomé Díaz a proseguir el reconocimiento de las costas africanas; en efecto, llegó hasta el sur de Africa, pero no lo pudo rebasar debido a los temporales. A ese extremo lo llamó Cabo de las Tormentas, sin embargo, el Rey, para no desalentar las futuras exploraciones, dispuso que se le llamara Cabo de la Buena Esperanza.

Entretanto, el año de 1492 los españoles, encabezados por sus monarcas Fernando de Aragón e Isabel de Castilla, sitiaban a Granada, último reducto musulmán en España. Estos reyes lograron la unidad española.

Después de ocho siglos de dominación musulmana, los españoles poco a poco habían logrado liberarse; sitiaron al último rey moro, Boabdil, en su ciudad. Para dirigir las operaciones militares, los reyes habían establecido un campamento, denominado Santa Fe, frente a Granada. A este campamento acudieron los duques de Medinacelli y de Medinasidonia para hablar sobre un viaje hacia la India, el cual les había sido propuesto por un marino genovés, llamado Cristóbal Colón. Los monarcas consideraron que la empresa era asunto de reyes y no de señores, por lo cual comunicaron a los duques que hicieran comparecer a Colón en la Corte. Los reyes escucharon con atención las explicaciones del marino para después someterlas a la consideración de una junta de maestros distinguidos de la Universidad de Salamanca; éstos después de algún tiempo de estudiarlas, las rechazaron por considerarlas imposible. Aunado a esto, las energías del reino estaban empeñadas en la guerra contra los moros y el tesoro estaba muy gastado en la empresa. Sin embargo, los monarcas no rechazaron definitivamente el proyecto, sólo lo aplazaron para cuando terminara la guerra.

Desanimado, Colón recogió sus papeles y resolvió marchar hacia Francia para negociar allá el asunto. De paso llegó al convento de La Rábida, en donde había dejado a su hijo Diego. Ahí tuvo ocasión de hablar con los frailes Antonio de Marchena y Juan Pérez; este último, convencido del proyecto y aprovechando su acceso a la Corte, le pidió a Colón que esperase unos días, mientras él arreglaba una nueva entrevista con los monarcas. De aquí resultó que el marino genovés fue llamado a Granada.

Otra nueva comisión de sabios estudió y aceptó el proyecto, pero las recompensas pedidas por Colón eran tan cuantiosas que en un principio se rechazó. Pero finalmente se superaron algunas dificultades y se firmaron las "Capitulaciones de Santa Fe" el día 17 de abril de 1492, por las que los reyes aceptaban las propuestas del marino. Además de la ayuda económica que se le prestaría a Colón, éste recibiría el título de Almirante y el cargo de Virrey de todas las tierras que fueran descubiertas, más la décima parte de los tesoros que se encontrasen. Un judío converso, llamado Luis de Santángel, con la garantía de la Corona de Castilla, entregó a Colón 400 000 maravedises, monto difícil de calcular actualmente. Los duques de Medinacelli y de Medinasidonia y otros nobles, aportaron el resto del dinero para la empresa. Colón entró en tratos con dos experimentados marinos del puerto de Palos de Moguer, los hermanos Martín Alonso y Vicente Yáñez Pinzón, quienes fueron valiosos auxiliares para la organización de la empresa; compraron tres naves del tipo "carabelas": la "Marigalante", denominada la "Santa María", "La Pinta" y "La Niña"; se alistó una tripulación compuesta por 120 marinos.

Llevando como nave capitana a la "Santa María", mandada por Colón, la expedición zarpó el viernes 3 de agosto de 1492 por la barra de Huelva y, después de una corta escala en la Gran Canaria para arreglar una avería en "La Pinta", se hicieron a la mar, en dirección a occidente.

Según informaciones, Cristóbal Colón nació en el puerto de Génova entre septiembre y octubre de 1451. Era hijo de Domingo Colombo y de Susana Fontanarosa. No hizo estudios superiores y después de ejercer por algún tiempo el oficio de su padre, el de cardador de lana, se alistó como marinero e hizo varios viajes a Inglaterra y a los puertos del Mar del Norte. Colón tenía un hermano llamado Bartolomé, que siempre lo acompañaba. Aunque hay partes oscuras en la vida de Colón, sabemos que se estableció en tierras portuguesas y contrajo matrimonio con Felipa Moñiz Perestrello, hija de un marino; vivieron en Porto Santo y luego en Madeira, donde Colón dibujaba Cartas de Marear y, seguramente empezó a concebir la idea de llegar a las Indias navegando con rumbo a occidente. Su esposa murió y le dejó un hijo llamado Diego.

Con todos los argumentos bien detallados en un proyecto, Colón llegó a Lisboa para proponer su empresa al rey Juan II. Pero los portugueses no fueron honrados, quisieron llevar a cabo el proyecto sin tomar en cuenta a Colón. Este, disgustado, marchó a España, en donde corrió con mejor suerte, según lo hemos referido.

El primer viaje de Colón constituyó una serie ininterrumpida de emociones. Una de ellas ocurrió cuando los pilotos observaron que la brújula sufría declinaciones. Esto los alarmó; el disgusto estalló entre los tripulantes pues temían que el Almirante los perdiera en aquel océano al parecer interminable. Relatan los cronistas que hasta hubo un intento de asesinar a Colón cuando se

*En el Horizonte Postclásico destaca
notablemente la cultura mixteco-cholulteca.*

negó a regresar. Después de unos días en alta mar, empezaron a aparecer señales de tierra. Por fin, el 11 de octubre ya en la noche, el mismo Almirante vio el resplandor de una luz; al amanecer, el viernes 12, un cañonazo tirado por "La Pinta" anunció que había tierra a la vista. Un marinero llamado Rodrigo de Triana fue el primero en descubrirla. Pero Colón declaró que él había sido el primero en ver la tierra y negó el premio ofrecido, produciendo gran disgusto entre los marineros. Los barcos soltaron las anclas y la tripulación desembarcó y se posesionó de las tierras en nombre de los reyes Fernando e Isabel. Habían llegado a la isla Guanahaní, situada en el archipiélago de las Lucayas, a la que llamaron San Salvador. Prosiguieron la exploración y el día 15 llegaron a otra isla a la que denominaron Fernandina, la actual Cuba. Prosiguieron el viaje y llegaron a la isla que ahora es Santo Domingo y Haití, a la que nombraron La Española. Por descuido de Colón, la carabela "Santa María" encalló en los bajos; entonces surgió el problema de que en las dos naves restantes no cabían los 120 marineros. Como los indígenas trocaban laminillas de oro por cuentas de vidrio y otras baratijas, sobraron voluntarios para quedarse como primeros colonos. Así, con la tablazón del barco perdido, los cuarenta hombres que se quedaron, construyeron un pequeño fuerte al que llamaron de Navidad.

Finalmente, Colón resolvió regresar a España en febrero de 1493. El Atlántico fue inhóspito con los navegantes, quienes estuvieron a punto de zozobrar. Colón, temeroso de que el resultado de su empresa se perdiese, escribió la información necesaria en un pan de cera, para que en caso de naufragio, quedase flotando y fuese recogido por alguien en alta mar, o llegase a las costas.

Los expedicionarios llegaron a las Azores para luego seguir hacia Europa, sin embargo, por error, llegaron a Lisboa en donde Colón y sus compañeros fueron recibidos por el rey Juan II, quien con gran sorpresa supo que los españoles, encabezados por el genovés, venían de regreso de las Indias. El 15 de marzo de 1493 entró la nave de Colón al puerto de Palos, su punto de partida siete meses antes, y en seguida marchó a Barcelona, en donde fue espléndidamente recibido por los monarcas. Colón llevaba consigo indígenas de las islas, aves y plantas extrañas y algunas piezas de oro.

A instancias de Fernando de Aragón, se armó una segunda expedición al mando del propio Colón en la cual participaron personajes importantes como Alonso de Ojeda, Diego Velázquez y Juan Ponce de León, algunos frailes y gran número de operarios y artesanos, llevando con ellos: utensilios, pies de cría de ganado, semillas y árboles frutales.

La segunda expedición estuvo compuesta por 17 carabelas y 1 200 hombres y zarpó de Cádiz en septiembre de 1493. El viaje transcurrió sin sobresaltos; llegaron a un archipiélago al que llamaron de las "Once Mil Vírgenes"; luego pasaron a otra isla grande a la que nombraron Puerto Rico y finalmente arribaron a La Española, en donde encontraron destruida la colonia del Fuerte de Navidad: los indígenas habían matado a todos los españoles, debido a los ultrajes y actos violentos que habían cometido. La expedición navegó hacia el sur de la isla en donde Colón fundó la primera ciudad española en América, que llamó Isabela. De entonces data la costumbre de llamar "indios" a los aborígenes, pues Colón creía que se encontraba en las Indias.

Colón exploró la costa de Cuba y regresó a la Isabela en donde recibió hostiles manifestaciones de disgusto de los colonos, culpándolo de haberlos engañado pues no encontraban el oro prometido. Como lo acusaron ante la corona y con el temor de provocar el disgusto de los reyes, regresó a España en donde fue bien recibido, e incluso se le aseguró apoyo para una tercera expedición, más ésta fue aplazada a causa de cierta desconfianza. Pero finalmente Colón salió de Cádiz con 600 hombres embarcados en ocho carabelas, el día 5 de mayo de 1498; navegó hasta las Canarias en donde mandó cuatro carabelas a la Isabela y con las otras cuatro llevó a cabo una exploración más lejana que lo llevó a descubrir la Isla de Trinidad, la desembocadura del Orinoco y la costa de Venezuela. Después llegó a la Isabela, en donde encontró que su hermano Bartolomé había fundado una nueva ciudad, Santo Domingo, la cual ya se hallaba en completo estado de rebelión. Los colonos desconocieron la autoridad de Colón y además, como se le había ocurrido mandar indios a España para venderlos como esclavos, los reyes católicos resolvieron enviar al licenciado Francisco Bobadilla para juzgarlo. Bobadilla, hombre arbitrario y de juicio rígido, no quiso oír ninguna defensa del Almirante; lo hizo preso y lo mandó a España, junto con su hermano Bartolomé y su hijo Diego. Sin embargo, al llegar a España los reyes recibieron a Colón y lo liberaron; castigaron a Bobadilla pero nombraron como gobernador de La Española a Nicolás de Ovando, quien llevó a cabo muy buena gestión.

Colón estuvo en Burgos más de un año negociando un nuevo viaje; por fin salió de Cádiz con cuatro carabelas y ciento cincuenta hombres, pero al llegar a La Española, Ovando se opuso a que desembarcaran, por lo cual Colón siguió el viaje hacia Jamaica. En el recorrido y a la altura de la isla de Pinos, cerca de Cuba, encontraron los exploradores una canoa procedente del actual Yucatán, pero Colón no le dio importancia. La pequeña flota recorrió la costa panameña y en el trueque con los indígenas obtuvo muchas piezas de oro; llegó hasta una ensenada a la que llamó Puerto Bello regresando luego a Jamaica, pero las naves embarrancaron y tuvo que pedir ayuda al gobernador Ovando quien envió dos naves para remitir a Colón y a sus compañeros a España, en 1504.

Cuando Colón llegó a Valladolid, encontró la noticia de que la reina Isabel había muerto. El rey Fernando, que nunca simpatizó con Colón, lo abandonó y le negó toda recompensa. Enfermo, viejo, pobre y amargado, Colón murió en mayo de 1506.

El descubrimiento de América produjo una fuerte desavenencia entre las Coronas de España y de Portugal debido a la declaración persistente de Colón de haber llegado a la India, cuando en realidad, los marinos lusitanos eran quienes lo habían hecho. Los portugueses recurrieron a la máxima autoridad del mundo cristiano, el Papa Alejandro VI, de origen español, quien expidió una bula que otorgaba a los monarcas españoles la posesión de todos los territorios descubiertos por sus marinos y exploradores. Con fecha 4 de mayo de 1493, el Pontífice dio un nuevo ordenamiento por el cual se disponía el reparto de las tierras descubiertas o por descubrir, mediante el trazo de una Línea de Demarcación de polo a polo, cien leguas al oeste de las islas de Cabo Verde; correspondió a Portugal las del oriente de esa línea y a España las del occidente. Pero la división no satisfizo a los portugueses, quienes propusieron a los españoles nuevos arreglos; aceptados éstos se firmó finalmente un tratado en la ciudad de Tordesillas, por el cual se corría la línea divisoria a 360 leguas al oeste del Cabo Verde. A este arreglo se debe que casi todo el continente americano, con excepción del Brasil, se considerase propiedad de España, y la mayor parte de Africa y Oceanía fuese de Portugal. Posteriormente ingleses, holandeses y franceses desconocieron esta división y se establecieron en la América del Norte.

A cambio de la concesión papal, los monarcas españoles se comprometían a cristianizar a los habitantes de las tierras descubiertas. Los reyes españoles adquirieron el derecho de nombrar autoridades religiosas para sus posesiones. A este derecho se le llamó "Real Patronato".

Desde un principio la Corona, como se le nombraba al gobierno de la monarquía española, adoptó la política de no participar económicamente en las empresas de exploración, conquista y colonización de las tierras descubiertas, de manera que dichas empresas se convirtieron en negocios particulares.

Poco tiempo después del descubrimiento del nuevo continente, se hizo necesario un organismo que se encargase de todo lo relacionado con los aspectos administrativos y hacendarios de las exploraciones. Así, en 1503 se fundó en la ciudad de Sevilla la llamada "Casa de Contratación". A esta institución acudían los interesados a solicitar permisos para llevar a cabo las "entradas" o exploraciones. Se firmaba un documento, llamado "Capitulación", en el cual se establecían las ganancias que obtendrían la Corona y el empresario; éste proporcionaba barcos, mercancías para negociar con los indígenas, matalotaje o víveres y algún dinero.

Las expediciones estaban formadas por hidalgos empobrecidos, soldados veteranos, artesanos y aventureros, que en España no tenían acomodo. Pero estas gentes, de increíble resistencia física, tenían en su mayoría un temple de hierro, audacia, ambiciones sin límite y una conducta casi siempre feroz. El trato bárbaro que los primeros colonos dieron a los indígenas en La Española, acabó casi con la población. A pesar de que los colonos apresaban indios de las islas cercanas, la mano de obra era escasa. El fraile dominico Bartolomé de las Casas, frenético defensor de los indios, propuso la traída de negros esclavos, de naturaleza más resistente. El tráfico de africanos fue tan intenso que en 1522 ya había en Santo Domingo unos nueve mil.

Como las demandas y alegatos de colonos y conquistadores aumentaban a cada momento, desde principios del siglo XVI el emperador Carlos V fundó una institución legislativa de gran importancia, llamada "Real Consejo de Indias que dictaba leyes y disposiciones y nombraba autoridades civiles. Sus decisiones eran inapelables.

El "Real Consejo de Indias", formado por verdaderos juristas, estableció como forma legal en las exploraciones y conquistas el "requerimiento". Este consistía en que antes de entrar en tratos con los indígenas se les dijese, en nombre de los monarcas, que sólo había un Dios; que su representante en la tierra era el Papa y que éste había otorgado a los reyes españoles las tierras que ellos poblaban. Se les aconsejaba la paz, y si surgían guerras, ellos serían los responsables. Este "requerimiento" se leía en español, idioma que los indígenas no entendían, así es que carecía de validez, excepto para la conciencia de los conquistadores.

Después del "requerimiento" se llevaba a cabo la llamada "contratación", es decir, el hecho de trocar con los indígenas baratijas sin valor por piezas de oro, de plata, piedras preciosas y otros objetos ricos. A esto también se le llamó "rescate".

Una de las razones principales de la explotación del indígena durante la conquista de América fue la obtención de oro. Desde un principio, los marineros dejados por Colón en el Fuerte de Navidad en 1493 se ocuparon de obligar a los indígenas a trabajar inhumanamente buscando oro. Ese trato brutal produjo la rebelión y la muerte de los primeros colonos. Posteriormente, con el fin de evitar la explotación del indio y protegerlo, la reina Isabel "encomendó" a sus súbditos colonos se encargasen de cuidar a los indios, de enseñarles la religión cristiana, el idioma español y otras formas de vida y de trabajo. Pero los "encomenderos", como se les llamó a los españoles, generalmente no cumplieron con su cometido, trataron brutalmente y explotaron el trabajo de sus "encomendados". Sin duda, el espíritu de la "Encomienda" fue muy humano, pero en realidad constituyó una forma de explotación más terrible que la esclavitud.

Conquista de México

Hemos dicho que la isla La Española, posteriormente llamada Santo Domingo, fue la base de partida de todas las exploraciones y conquistas en América. Siendo Gobernador de aquella isla Diego Colón, llegó a vivir en ella un hidalgo llamado Diego Velázquez, natural de la ciudad de Cuéllar, Segovia, quien pidió y obtuvo los permisos para llevar a cabo la conquista de la isla Juana, nombre que dio Colón a Cuba en su primer viaje, después llamada Fernandina. En 1511 la isla de Cuba fue conquistada casi sin resistencia quedando como gobernador el propio Velázquez quien se dedicó a colonizar, fundar poblaciones y repartir tierras a los vecinos.

En 1516 un grupo de soldados y aventureros llegados a Santiago, supieron de la existencia de indígenas que tenían oro en tierras situadas hacia occidente. Convencieron a un hidalgo rico llamado Francisco Hernández de Córdoba, amigo de Velázquez, para que fuera su capitán en una exploración a dichas tierras. Velázquez dio el permiso y hasta se asoció en la empresa. Se alistaron tres navíos dirigidos por el piloto Antón de Alaminos, marino experto, que había sido grumete en el segundo viaje de Colón, y zarparon de la actual Habana en febrero de 1517.

Después de un viaje sin contratiempos, los exploradores llegaron a una costa, en donde fueron recibidos por indígenas que remaban en grandes canoas y les hacían señas para que se aproximaran gritándoles: "¡Conexcatoch!" que significa "Venid a nuestras casas"; de aquí surgió el nombre de Punta Catoche; pero cuando desembarcaron, fueron atacados; sin embargo, disparos de las armas de fuego espantaron a los indios, quienes huyeron y dejaron con los españoles a dos jóvenes guerreros, quienes fueron bautizados con los nombres de Melchor y Julián.

Hernández de Córdoba y sus compañeros se alejaron de Punta Catoche con rumbo al oeste y después de cuatro días de navegación llegaron a Campeche, en donde quedaron sorprendidos al ver construcciones de extraordinaria belleza. Ahí fueron conminados por los caciques y los sacerdotes a alejarse pronto, pues de lo contrario serían atacados. Sin esperar más, los españoles continuaron el viaje hasta llegar a la población maya llamada Poh-ton-chan, la cual fue registrada por los pilotos en las Cartas de Marear con el nombre de Champotón. Desembarcaron ahí para abastecerse de agua, pero fueron atacados sorpresiva y furiosamente, librándose una feroz batalla, quedaron algunos españoles muertos en el campo, dos fueron hechos prisioneros y muchos resultaron heridos a tal grado que tuvieron dificultades para regresar a los barcos. Entre los heridos graves estaba el ca-

*Los atlantes de Tula fueron una de las obras más
destacadas de los toltecas del Horizonte Histórico.*

pitán Hernández de Córdoba; finalmente los españoles pudieron maniobrar los barcos y hacerse a la mar para regresar a Cuba, lo cual lograron después de haber sorteado un temporal que los llevó hasta la Florida. Hernández de Córdoba murió a causa de las heridas recibidas en Champotón, diez días después de haber llegado a Cuba.

Las narraciones de los marineros y de los soldados de la expedición sobre las riquezas de las tierras visitadas y los seis cristianos prisioneros de los indígenas aumentaron las ambiciones de Velázquez; dispuso de inmediato la preparación de cuatro carabelas para una nueva expedición. El piloto Antón de Alaminos fue contratado de nuevo para ese segundo viaje, cuyo mando confió Velázquez a su sobrino, Juan de Grijalva, joven y valiente. Se alistaron doscientos cuarenta hombres, repartidos en las cuatro carabelas. Estas embarcaciones, que se hicieron famosas con Colón, tenían un desplazamiento de 185 toneladas, una longitud o eslora de 26 m, una manga o anchura de 7.50 m, el puntal o cala era de 3.40 m. En su época la carabela fue una nave de alto bordo que usaba aparejo latino en sus tres palos; éstos, de proa a popa, eran el trinquete, el mayor y el mesana. Las velas eran de corte rectangular, excepto la de mesana, que era triangular. La carabela tenía dos cubiertas: la más baja formaba a proa el castillo. Entre los palos trinquete y mayor se encontraba el alcázar, con la bodega; y más a popa del mayor, el escandalar, en donde dormía parte de la tripulación y donde se encontraba la caña del timón. Entre el castillo y la tolda, la cubierta tenía espacio para una chalupa grande, llamada batel. En estas carabelas cabían cómodamente entre cuarenta y cincuenta hombres, con el matalotaje, agua, armas, equipos y dos o tres caballos. Los barcos de la citada expedición estaban al mando de Grijalva, Pedro de Alvarado, Alonso Dávila y Francisco de Montejo. Cabe mencionar que desde la expedición de Hernández de Córdoba se alistó como soldado y participó también en la segunda el joven castellano Bernal Díaz del Castillo a quien debemos la mejor crónica de la Conquista de México.

Zarpó la segunda expedición del puerto de Ajaruco, situado en la banda norte de la actual isla de Cuba, el 1º de mayo de 1518, y después de navegar tres días al occidente llegó a la isla de Cozumel en donde desembarcaron los viajeros hasta el día 5, para luego proseguir en busca del puerto de Champotón. El 26 llegaron a Campeche, en donde fueron atacados por los naturales, a quienes rechazaron con facilidad. Siguieron la exploración hasta llegar a la Boca de Términos, llamada así por Alaminos porque aseguró que allí se dividían tierras; luego llegaron a Tabasco, en donde un gran río que desemboca por ese litoral fue nombrado "de Grijalva", en honor del Capitán, así como el Papaloapan, denominado "río de Alvarado". Servían de malos intérpretes los dos muchachos indios que había llevado Hernández de Córdoba; eran mayas y se mostraron muy torpes para aprender el español.

Grijalva y sus compañeros llegaron hasta la desembocadura del "río de Banderas" llamado así porque los españoles vieron a los habitantes de ese lugar llevando en sus lanzas unas banderolas blancas. Desembarcaron y fueron recibidos ceremoniosamente. Estos litorales ya eran dependencias del imperio Azteca; Moctezuma II, informado desde un principio de la llegada de los "hombres blancos y barbados" a las costas de Yucatán, ordenó a sus vasallos que en cuanto llegaran a sus tierras, se les diese hospitalidad porque eran los "hermanos de Quetzal-cóatl."

Prosiguiendo la navegación, los españoles llegaron a una isla cercana a la costa en donde había adoratorios con cuerpos de mancebos indios recién sacrificados; la llamaron entonces "Isla de los Sacrificios". Se acercaron a tierra firme y dieron con otro islote, al que llamaron de San Juan de Ulúa porque era el 24 de junio, día de San Juan Bautista y santo del Capitán; lo completaron con "Ulúa" porque los indígenas gritaban "Culhúa Culhúa". Allí se trocaron baratijas por piezas de oro y otras riquezas que Grijalva se apresuró a remitir a Velázquez en un buque mandado por Pedro de Alvarado, el cual además llevó a los heridos y enfermos. En vista de la carencia de provisiones y del mal tiempo, Alaminos aconsejó el regreso a Cuba.

Cuando Alvarado llegó a Cuba con las noticias del encuentro de Culhúa, Velázquez alistó una tercera expedición. Armó varios barcos y preparó matalotaje, pero le faltaba un capitán de confianza, emprendedor y audaz. Su secretario, Andrés de Duero, y el contador, Amador de Lares, le propusieron a un hidalgo extremeño llamado Hernán Cortés.

Cortés nació en Medellín en 1485; hijo de hidalgos pobres, estudió dos años leyes en la Universidad de Salamanca y aprendió algo de latín. Estuvo como escribano de un notario y luego resolvió prestar servicio al rey como soldado. Cuando iba a salir con el comendador Nicolás de Obando para Santo Domingo, se cayó de un muro al andar en aventuras amorosas y se fracturó una pierna, por lo cual no realizó el viaje. Algún tiempo después, cuando tenía 19 años, llegó a la isla de La Española o Santo Domingo en donde se estableció como escribano, con encomienda de indios. Cuando en 1511 Diego Velázquez levantó el pendón para reclutar soldados y llevar a cabo la conquista de Cuba, Cortés se alistó. La empresa resultó fácil: Velázquez fue nombrado Gobernador de la isla y Cortés recibió tierras e indios, se dedicó a la agricultura, a la ganadería y a la escribanía, a la cual era muy afecto. Luego de algunos incidentes familiares, se casó con una joven llamada Catalina Juárez, cuñada de Velázquez, quien lo hizo alcalde de Santiago de Cuba.

Las recomendaciones de Lares y de Duero fueron acogidas por Velázquez, quien finalmente nombró a Cortés capitán de la tercera expedición. El despliegue de gran actividad para alistar la empresa, despertó las sospechas del desconfiado Velázquez. En las instrucciones dadas a Cortés se disponía que la expedición se dedicaría a la exploración y al rescate, pero no para fundar ciudades y menos para conquistarlas.

Velázquez intentó relevar a Cortés del mando y ordenó que ya no se le proporcionase apoyo; sin embargo, la superioridad en el carácter y en inteligencia de Cortés respecto al Gobernador, le hizo ganar muchos partidarios con quienes formó una armada compuesta por once carabelas, quinientos diez y ocho soldados, de los cuales treinta y dos llevaban ballestas, trece escopetas, y los demás, espadas, lanzas, puñales y rodelas. Iban ciento diez marineros, doscientos indios de servicio y algunos negros. Traían dieciséis cañones de bronce, cuatro falconetes y abundante pólvora y municiones. Los capitanes que acompañaban a Cortés eran Pedro de Alvarado, Cristóbal de Olid, Alonso Hernández Portocarrero, Juan Velázquez de León, Gonzalo de Sandoval, Juan Sedeño, Francisco de Montejo, Diego de Ordaz y Juan de

Escalante. Como pilotos venían Antón de Alaminos, Camacho de Triana y Juan Alvarez, el Manquillo. Entre los soldados estaba Bernal Díaz del Castillo.

La armada salió de Cuba el 18 de febrero de 1519 y siguió la ruta de Grijalva. Alvarado se adelantó y llegó primero a Cozumel, en donde cometió robos y despojos en las aldeas indígenas. Cortés lo amonestó severamente, y le obligó restituir a sus dueños todo lo que había tomado.

Con la ayuda de Melchor, el joven indígena capturado por Fernández de Córdoba, Cortés empezó a tratar con los indígenas asuntos de la religión cristiana, cambiando los ídolos por una cruz y una imagen de la Virgen. Los indígenas le informaron a Cortés que allí vivían unos hombres blancos y barbados por lo que el capitán envió a Diego de Ordaz a buscarlos, pero a los ocho días regresó sin noticias. Cortés ordenó hacerse a la mar rumbo a Catoche, infructuosamente pues una nave empezó a hacer agua peligrosamente y tuvo que regresar al fondeadero. Eso dio tiempo a que llegara en una canoa Jerónimo de Aguilar, natural de Ecija y con órdenes menores de Evangelio, salvado con otros ocho compañeros cuando naufragó la nave en que viajaban. Ya sólo vivían él y otro, llamado Gonzalo Guerrero, marinero del puerto de Palos, quien se había casado con la hija de un cacique y tenía ya tres hijos con ella. Guerrero prefirió quedarse con su familia. Aguilar resultó ser un magnífico intérprete pues había aprendido muy bien la lengua maya.

La armada dobló la península de Yucatán sin detenerse hasta el río que los españoles habían llamado de Grijalva en donde los indígenas se mostraron hostiles y les cerraron el paso con canoas, por lo cual desembarcaron a viva fuerza. Los caciques se pusieron de acuerdo para combatir a los blancos. Cortés tomó la iniciativa y avanzó con sus soldados a una llanura en donde al poco rato fue atacado por miles de guerreros, enmedio de una gran gritería y el ruido estridente de caracoles y silbatos. Los soldados de a pie estaban en mala situación cuando los jinetes atacaron sorpresivamente. Los escuadrones indígenas se apresuraron a huir llenos de espanto, pues creyeron que los caballos eran unos monstruos.

Al día siguiente, los caciques llegaron en son de paz a rendirse, atemorizados. Cortés los recibió alegremente, e hizo que dispararan un cañón y que mostraran un caballo que relinchaba. Los indios se asustaron; Cortés los calmó diciéndoles que cañones y caballos dejarían de estar enojados si ellos prestaban fidelidad al Rey y ayudaban a los exploradores. Los sumisos indígenas aceptaron la alianza y llevaron como presente a veinte doncellas, que fueron bautizadas y repartidas entre los soldados. Una de ellas, muy desenvuelta, recibió el nombre de Marina, a quien los indígenas llamaban Malintzin y los españoles Malinche; ella fue una magnífica intérprete, pues hablaba el maya y el náhuatl. En Tabasco, el joven indígena Melchor había huído. Así, la Malinche traducía del náhuatl al maya y Aguilar del maya al español. Doña Marina fue leal compañera y muy eficiente consejera; salvó a Cortés y a sus soldados en muchas ocasiones, pudiéndose asegurar que, en gran parte, a ella se debió el éxito de la conquista.

De Tabasco salió la armada a San Juan de Ulúa, desembarcando en la playa de Chalchicuecan el Viernes Santo de aquel año de 1519. Ahí llegaron enseguida los emisarios de Moctezuma para rendir homenaje y entregar ricos regalos a Cortés. El capitán les dio las gracias y les dijo que venía en nombre de un poderoso monarca llamado el emperador Carlos, y que traía el encargo de ir a saludar a Moctezuma, en donde quiera que se encontrase. Les regaló algunas cuentas de vidrio, un sombrero de Flandes y les dio un yelmo para que lo trajeran lleno de oro. Los dibujantes aztecas delinearon hábilmente sobre papel de amate todo lo que traían los "teúles", como llamaban en general a los castellanos. Dos o tres días después regresaron los embajadores de Moctezuma trayendo riquísimos presentes, entre ellos unas ruedas muy grandes que representaban al sol y a la luna, en oro y plata, respectivamente. El yelmo lo regresaron lleno de pepitas de oro; todo ello aumentó la ambición de los españoles.

De pronto los emisarios mexicas se retiraron, pero entonces se presentaron cinco totonacas enviados por su señor, el cacique de una gobernación llamada Cempoala, quien invitaba a Cortés a ir a su ciudad. Los embajadores cempoaltecas dijeron que no habían venido antes porque allí estaban sus enemigos los aztecas. Cortés se dio cuenta entonces que Moctezuma tenía enemigos, de lo cual resolvió sacar partida para combatirlo.

Sin embargo, Cortés necesitaba contar absolutamente con sus soldados y darle carácter legal a todos sus actos, para así poderse desligar de la autoridad de Velázquez. Por lo tanto, hizo que sus amigos fundaran allí un Ayuntamiento, nombrándolo a él Justicia Mayor y Capitán General, y designando a otras autoridades. Con todas las formalidades del caso, se levantaron las actas y se procedió a fundar la Villa Rica de la Veracruz (Villa, por su carácter ayuntamental; Rica, por la hermosa vegetación que la rodeaba; y Vera-Cruz, por el Viernes Santo en que desembarcaron).

Cortés y sus soldados llegaron a Cempoala donde

fueron amablemente recibidos por el cacique, quien era un hombre muy gordo. Este se quejó amargamente de la brutal tiranía de Moctezuma y de la exigencia de sus tributos. Cortés le aseguró que venía a evitar esas violencias y a protegerlos. En esos momentos llegaron cinco despóticos recaudadores aztecas. Cortés aconsejó al cacique gordo que los mandara aprehender y los pusiera en prisión. Con mucho temor, el cacique gordo acató el consejo, pero en la noche Cortés puso en libertad a dos, diciéndoles que fueran a Tenochtitlan a decir a su señor que venía a ser su amigo. Al día siguiente, acusando a los cempoaltecas de haber dejado escapar a los dos recaudadores, hizo que le entregaran los otros tres, a los que puso en libertad posteriormente. De esta manera, Cortés halagaba a Moctezuma y presionaba a sus amigos de Cempoala.

Aprovechándose de su ascendiente entre los totonacas, Cortés mandó derribar los ídolos de los adoratorios para sustituirlos con una cruz. Los cempoaltecas intentaron sublevarse, pero la Malinche les dijo que su destino dependía entonces de Cortés y de sus soldados.

El Capitán regresó a la Villa Rica y encontró que había llegado una carabela con algunos soldados y con la noticia de que Velázquez había recibido nuevos nombramientos y autorizaciones, lo cual decidió a muchos soldados a regresar a Cuba. Cortés trató de convencerlos, pero un grupo de amigos de Velázquez tramaron una conjura para asesinarlo. Descubierta la conjuración, Cortés ordenó instruirles juicio a cinco de los responsables principales. A dos los mandó ahorcar, a otro le cortaron un pie y a los otros los azotaron. El Ayuntamiento escribió una amplia carta al Emperador, acompañada de otra de Cortés, y con muchos ricos presentes fue enviado a España el capitán Alonso Hernández Portocarrero para presentarse directamente en la Corte. Inmediatamente después, Cortés difundió la noticia de que los navíos anclados en Ulúa estaban "comidos de broma" y no estaban buenos para navegar, por lo que los pilotos, aconsejados por él, dispusieron se les "diese través". Con este expediente comprometió a todos sus hombres a seguirlo en la peligrosa empresa de la conquista de México.

Dejando una pequeña guarnición en la Villa Rica, Cortés, sus soldados, algunos escuadrones de guerreros cempoaltecas y muchos indios cargadores, llamados "tamemes", proporcionados por el cacique gordo para llevar el bagaje y los cañones con sus cargas, se emprendió la marcha hacia la gran capital de Moctezuma. Cruzaron la Sierra Madre Oriental y llegaron a Zautla, en donde un cacique les indicó la conveniencia de ir por el camino de Cholula, descartado por Cortés, para tomar el de Tlaxcala.

Tlaxcala, república enemiga de los mexicas, no aceptó entrar en tratos con los españoles oponiéndoles furiosa resistencia. Un joven guerrero tlaxcalteca, llamado Xicoténcatl, hijo del cacique principal del mismo nombre, encabezó la resistencia y tuvo el mando de los guerreros que combatieron a los castellanos. Pero a pesar de esa heroica resistencia, fue derrotado. Finalmente, los caciques tlaxcaltecas ofrecieron la paz a Cortés quien entró triunfante con sus soldados, cansados y heridos en esa importante ciudad.

Los cuatro señoríos que formaban la república de Tlaxcala, junto con el de Huejotzingo, se declararon vasallos del rey de España y pusieron a disposición de Cortés muchos escuadrones, integrados por muy buenos guerreros, bastimentos y una partida de tamemes para ayudar

Los aztecas fundaron México-Tenochtitlan en una isleta en la cual se encontraba un águila posada en un nopal devorando una serpiente.

a cargar el equipaje. El odio de los tlaxcaltecas hacia Moctezuma hizo que éstos, amantes de su libertad, se aliasen a los españoles y les fueran fieles siempre.

Después de algunos días de descanso, los españoles y sus aliados se pusieron en marcha, llegando a Cholula "la ciudad sagrada de Quetzalcóatl", señorío dependiente de México, el día 14 de octubre. Se les recibió con atenciones y muestras de cortesía. Los embajadores mexicas que acompañaban a Cortés desde Tlaxcala, se mostraban reservados. Allí en Cholula se les tenía preparada una celada para acabar con ellos, pero la Malinche la descubrió y la comunicó a Cortés, quien la comprobó. Entonces, disimulando los hechos, ordenó la continuación de la marcha; hizo llamar a caciques y sacerdotes cholultecas para despedirse de ellos. Cuando éstos estuvieron reunidos en la plaza, sonó un escopetazo que era la señal convenida entre los españoles para empezar una terrible matanza, ayudados por sus aliados. Después de este sangriento episodio, los hombres de Cortés quedaron en Cholula algunos días y de allí se mandaron exploraciones; entre las más importantes estuvo la de Diego de Ordaz, quien ascendió al Popocatépetl, convirtiéndose en el primer ser humano que llegó hasta la cima de ese gigante.

Moctezuma, asustado por los hechos de Cholula, recurrió a las prácticas mágicas y de hechicería para impedir que los conquistadores llegaran a su ciudad. Sin embargo, los brujos fueron sorprendidos en sus prácticas y sortilegios y muertos por los soldados. Cortés cruzó por entre el Iztaccíhuatl y el Popocatépetl y siguió por Amecameca y Tlalmanalco. Todavía Moctezuma envió embajadores para decirle que no pasara a México porque carecía de buenos caminos, no había suficientes bastimentos y los alojamientos no eran buenos. Por supuesto, Cortés no aceptó retirarse cuando estaba prácticamente ya en la ciudad. Siguió avanzando y en Ayotla lo recibió el príncipe Cacama, señor de Tezcoco, que iba a saludarlo en nombre de su señor, el gran Moctezuma, su tío.

Los conquistadores llegaron por la calzada de Iztapalapa hasta el Fuerte Xólotl (en donde hoy es San Antonio Abad), donde fueron recibidos por el Gran Moctezuma, acompañado de un espléndido séquito. Esta venturosa y atrevida entrada, como le llama Bernal Díaz del Castillo, ocurrió el día 8 de noviembre de 1519. Muchos españoles que habían sido soldados en Italia estaban maravillados de ver a la espléndida ciudad de México-Tenochtitlan en su maravilloso aposento lacustre.

Moctezuma recibió afectuosamente a Cortés, sin embargo los nobles aztecas del séquito del Gran Señor impidieron que Cortés lo abrazase. Los españoles fueron alojados, junto con sus aliados, en el viejo palacio de Axayácatl, pero Cortés ordenó tomar todas las providencias militares, pues sabía que se encontraban en las garras del águila y a un paso de la piedra de los sacrificios. Aquel mismo día Moctezuma fue a visitar a Cortés en su aposento y el capitán español le pidió autorización para hacer un recorrido por la ciudad. Todos los españoles quedaron admirados del gran orden que había en la gran urbe azteca, "sólo comparable a Sevilla y a Córdoba", según le dijo Cortés en su segunda Carta de Relación al Emperador hispano. Pero la gran sorpresa surgió cuando, de regreso a su cuartel, dieron inesperadamente con un cuarto en el que estaba el tesoro de Axayácatl. Cortés ordenó que volvieran a cerrar la puerta y que se respetase el recinto.

Cortés se dio cuenta del terrible peligro en que se

encontraban él y sus soldados, por lo que decidió dar un golpe de mano tomando como rehén a Moctezuma. La oportunidad se presentó cuando recibió noticias por un correo indígena de que el capitán Escalante, que había quedado como jefe de la guarnición de la Villa Rica, había sido muerto, junto con siete soldados y un caballo, por un grupo de guerreros mexicas. Cortés, acompañado de algunos de sus capitanes, se presentó de improviso en el palacio de Moctezuma y le dijo que debía pasar a hospedarse en el cuartel de los españoles en donde se le guardarían todas las consideraciones de su alta investidura. Al saber Moctezuma que su detención era resultado de lo acaecido en la Villa Rica se indignó y manifestó su inocencia, entregando su sello real para que los culpables se presentaran en Tenochtitlan. Cortés le insistió, pero Moctezuma se resistía hasta que Juan Ponce de León, con voz ronca y sacando la espada, amenazó al tlacatecuhtli, con matarlo ahí mismo. La Malinche intervino y terminó por convencer a Moctezuma. Así, con su séquito y ceremonia acostumbrada, se trasladó al cuartel de los españoles, diciéndoles al pueblo y a la nobleza que esta decisión la tomaba por su voluntad y por consejo de sus dioses.

Cuando llegaron a Tenochtitlan, el jefe guerrero Cuauhpopoca y sus compañeros fueron entregados a Cortés como responsables de la muerte de Escalante y sus soldados. Cortés los interrogó y quedó aclarado que sus actos habían obedecido a las instrucciones de Moctezuma. Se les condenó a morir en la hoguera y mientras se les quemaba, Moctezuma sufrió la afrenta de ser encadenado a lo cual no opuso resistencia, sino que lloró, manifestando así su debilidad.

En aquellos días Cortés dispuso varias exploraciones

para saber dónde se encontraban los lugares en que los mexicas obtenían el oro, así como averiguaciones sobre sus pueblos tributarios. Entretanto, los principales señores tenochcas, encabezados por Cacama, disgustados por la cobarde actitud de Moctezuma, tenían planeado levantarse contra los españoles, pero fueron denunciados por el propio Moctezuma, aprehendidos, puestos presos y encadenados. Para darle formalidad a sus medidas, Cortés reunió a todos los nobles de los señoríos indígenas tributarios o aliados de México, para que prestaran vasallaje al Rey español y le entregaran tributos.

Moctezuma seguía atendiendo los asuntos de su vasto imperio; cierto día llamó a Cortés para decirle que el pueblo estaba a punto de sublevarse, por lo que recomendaba saliera del país. El conquistador, temeroso de una sublevación general, pidió algún tiempo para construir tres navíos y salir hacia Cuba. Así, los maestros carpinteros españoles, ayudados por carpinteros indígenas, seleccionaron los árboles y empezaron a cortarlos para hacer los navíos, pero de pronto Moctezuma le dijo a Cortés que ya no había necesidad de hacer los barcos, pues habían llegado a la costa de Chalchicuecan diecinueve navíos. Al principio, Cortés creyó que eran refuerzos que le enviaban, pero después supo que se trataba de una armada procedente de Cuba, con el fin de castigarlo. En efecto, Diego Velázquez había mandado al capitán Pánfilo de Narváez con mil cuatrocientos hombres, ochenta caballos, arcabuceros y ballesteros. Entonces, Cortés envió al padre Bartolomé de Olmedo, quien era capellán de su expedición, a convencer a Narváez de lo grave que resultaría una lucha entre ellos, ante el control logrado en todo el país. Como Narváez rechazó toda proposición de arreglo, el padre Olmedo se encargó de repartir bastantes tejuelos de oro entre los soldados, para sobornarlos. Narváez era pedante y falto de astucia, por eso pronto muchos de sus soldados estuvieron a favor de Cortés, quien se había acercado a Cempoala, en donde estaba el campo de Narváez, con trescientos soldados. Con la audacia de siempre, Cortés cayó sobre el enemigo y se libró una corta refriega en la cual Narváez perdió un ojo y fue hecho prisionero. "Es una de las menores cosas que he hecho en esta tierra", comentó luego Cortés, quien de esa manera se adueñaba de diecinueve navíos y de un ejército muy superior al traído por él de Cuba.

Pero en Cempoala Cortés recibió noticias de graves sucesos que ocurrían en Tenochtitlan, en donde había encargado la comandancia de la guarnición al poco prudente capitán Pedro de Alvarado, a quien los indígenas llamaban Tonatiuh (el Sol), por el color rojizo de su cabello. Los jefes indígenas habían pedido a Cortés autorización para llevar a cabo su gran festividad religiosa del toxcatl, o del joven Tezcatlipoca. Cuando vio los preparativos de la nobleza mexicana, que exhibía preciosos adornos de oro y plumas, Alvarado no pudo frenar su ambición y planeó una matanza. Entonces, cuando de acuerdo al rito, los señores aztecas danzaban en la plaza del Templo Mayor, los españoles y sus aliados bloquearon las salidas y los atacaron furiosamente, produciendo una verdadera carnicería, a la que siguió el despojo de joyas de los cadáveres. Al ver que la nobleza era asesinada tan vilmente, el pueblo, enardecido, se armó y atacó al momento a los soldados españoles, obligándolos a replegarse a su cuartel. Los guerreros indígenas intentaron incendiar el recinto y les cortaron el agua. Moctezuma trató de contenerlos, pero fue desoído y los ataques se redoblaron incensamente hasta que supieron del regreso de Cortés con muchas tropas. No es verdad, como a veces se ha interpretado, que la matanza realizada por Alvarado se debió a un supuesto plan de ataque contra la guarnición española; su pura ambición fue la promotora del crimen.

Cuando llegó Cortés a Tenochtitlan, se encontró desierta la ciudad. Llegó al cuartel y amonestó a Alvarado. A Moctezuma le ordenó disponer la reanudación del mercado y de la vida normalmente, pero Moctezuma le pidió que pusiera en libertad al príncipe Cuitláhuac, para que fuera quien comunicara tales disposiciones. Liberado, Cuitláhuac se unió al joven príncipe tlatelolca Cuauhtémoc, quien encabezaba a los sublevados. A partir de ese momento se intensificaron los ataques; los caudillos indígenas sabían que tenían atrapados a todos los españoles y acabarían con ellos. Cortés trató de salir en muchas ocasiones; las provisiones empezaban a escasear y de las casas vecinas caían verdaderas lluvias de flechas y piedras. Después de varios días de furiosos ataques, Cortés le pidió a Moctezuma que subiera a la azotea para ordenar al pueblo su retirada, ofreciendo a cambio, que los españoles saldrían de la ciudad. Un señor, respetuosamente le dijo a Moctezuma que los disculpara, pero que él ya no era su monarca, que habían elevado a tecutli al guerrero Cuitláhuac; y de pronto, una piedra, que según la leyenda fue arrojada por Cuauhtémoc, golpeó la frente de Moctezuma, quien fue retirado muy mal herido. A los pocos días murió; no se sabe con certeza si a consecuencia de la pedrada o de estocadas de los españoles. Cortés entregó el cadáver al pueblo, pero éste no lo recibió. También cuenta la leyenda que un antiguo servidor lo incineró y enterró sus cenizas.

Cortés recurrió a una serie de expedientes para tratar

de salir de la isla, como salidas sorpresivas, ataques a reductos principales, uso de unos artefactos de madera como torres rodantes, pero nada dio resultado. Entonces, después de una junta de guerra con sus capitanes se resolvió salir sigilosamente la noche del 30 de junio de 1520. Ordenó cargar unos caballos con el Quinto Real y otro Quinto para él, tomados del tesoro de Axayácatl; el resto lo puso a disposición de los soldados, quienes se cargaron con pesados tejos de oro. Había llovido y una espesa niebla aumentaba la oscuridad de la noche. La columna, dividida en tres partidas, salió de Tenochtitlan y tomó por la calzada de Tlacopan, que era la más corta. Se trataba de escapar luego hacia Tlaxcala. En total iban como mil trescientos españoles y seis mil guerreros aliados. Los carpinteros hicieron un puente transportable para cruzar sobre las cortaduras, cargado por un grupo de tamemes. Se llegó al primer foso y se cruzó sin problemas, pero al llegar al segundo, de pronto empezó a tañer el huéhuetl, o tambor de guerra, del Templo Mayor. Se escuchó un grito: "¡A las armas, que se escapan los teúles!"; la laguna se cubrió de canoas con miles de guerreros que manejaban las lanzas, las hondas y las macanas con frenético furor y espantosa algarabía. Los españoles perdieron el control de sí mismos y llenos de pavor corrieron arrojando las armas, para pasar por el puente, que había sido colocado por los cargadores y guerreros en la cortadura donde hoy está el correo principal de la ciudad de México; pero como todos querían pasar al mismo tiempo, el puente se hundió. Los soldados que caían, se ahogaban por el paso de las armaduras y del oro que traían entre sus ropas. Finalmente, la cortadura quedó llena de cadáveres, que sirvieron de puente a los demás.

La matanza fue terrible. La tercera sección de la columna tuvo que regresar al cuartel en donde fueron hechos prisioneros y posteriormente sacrificados en los adoratorios del Templo Mayor. Cuando Cortés llegó a Tacuba y vio llegar los restos de sus tropas, no pudo contener el llanto. En aquella noche cruenta murieron más de la mitad de los españoles, dos mil guerreros aliados y cuarenta y cinco caballos; toda la artillería y casi todo el tesoro de Axayácatl se perdieron. Los españoles y sus aliados, casi todos heridos, lograron llegar a un pequeño cerro, que hoy es el santuario de Los Remedios, en donde durmieron. Penosamente continuaron la marcha durante seis días, dirigiéndose a Tlaxcala, pero al llegar a las llanuras de Otumba encontraron a un gran ejército azteca. Tal parecía que había llegado el momento de sucumbir. Cortés, herido, ordenó atacar a los jefes indígenas que tenían a su mando aquel numeroso ejército. Un soldado llamado Juan de Salamanca logró derribar con su lanza al cihualcóatl, que dirigía a los guerreros mexicas, le arrebató el estandarte, el cual puso en manos de Cortés. Cuando los guerreros, jóvenes sin experiencia, vieron el estandarte en manos del capitán español, se asustaron y dejaron de combatir, permitiendo a los españoles la continuación de la marcha hacia Tlaxcala en donde fueron muy bien recibidos, a pesar de que Xicoténcatl, el joven, propuso que era el momento oportuno para acabar con los invasores, pero fue rechazado por el senado.

Algunos soldados españoles murieron; otros, y el propio Cortés y sus compañeros curaron pronto sus heridas, repusieron sus fuerzas y se prepararon para una nueva campaña contra Tenochtitlan. El capitán planeó una serie de operaciones para irse aproximando a la capital azteca, apoderándose de Tepeaca, señorío aliado de los mexicas, donde Cuitláhuac tenía una fuerte guarnición. Luego cayeron en su poder Zacatepec, Quecholac y otras. Todos los indígenas aprisionados fueron marcados como esclavos de guerra. Mientras tanto, le llegaron a Cortés algunos refuerzos en soldados, armas y caballos, enviados por Velázquez, quien creía que Pánfilo de Narváez era dueño de la situación en México. En la viruela, tuvieron los españoles un nuevo aliado, enfermedad traída por un negro que había llegado con Narváez. Esta epidemia causó grandes estragos entre las poblaciones indígenas; una de sus víctimas fue el propio emperador Cuitláhuac, quien murió en los primeros días de diciembre de 1520. En su lugar fue nombrado el caudillo Cuauhtémoc.

Para atacar una ciudad lacustre como Tenochtitlan, eran necesarios algunos pequeños navíos; Cortés ordenó a sus carpinteros la construcción de trece bergantines. Martín López, carpintero maestre, mandó cortar la madera en los bosques de Tlaxcala, trazó los planos y tuvo listo todo para ser transportado a Tezcoco, plaza que cayó en poder de los españoles y sus aliados, aunque su señor Coanacoch logró escapar para refugiarse con Cuauhtémoc. Cortés inició entonces una prolongada campaña para rodear a Tenochtitlan; sus combatientes se apoderaron de Iztapalapa y Mixquic, mientras que Chalco se declaró su aliado. El capitán Gonzalo de Sandoval derrotó a los Tlahuicas y quedaron en sus manos las poblaciones de Cuauhnáhuac, Yautepec y Tlacayapan, en el sur del Valle de México. Cortés se apoderó de Xochimilco, de Coyoacán y se puso en marcha hacia Tezcoco en donde se encontró con un grupo de soldados amigos de Narváez que intentaban asesinarlo, recoger todo el oro y regresar a Cuba. Sin embargo, uno de los conjurados informó a Cortés quien ordenó detener a

*Moctezuma Xocoyotzin, noveno soberano mexica,
consolidó el Imperio Azteca.*

los rebeldes; como eran muchos, sólo mandó ahorcar al principal cabecilla y fingió no conocer los nombres de los demás.

Una vez rodeado todo el Valle de México, Cortés mandó abrir un canal desde Tezcoco hasta el lago; los cargadores transportaron toda la madera cortada y se armaron los bergantines, los cuales fueron botados para llegar a las aguas de la laguna que rodeaba a la gran ciudad azteca. Xicoténcatl, el joven, servía en la milicia a las órdenes de Alvarado, pero como se oponía a la alianza con los españoles, se separó de esas fuerzas en franca desobediencia, por lo que Cortés ordenó perseguirlo y ahorcarlo.

Prácticamente las operaciones de sitio de Tenochtitlan empezaron el día 26 de mayo de 1521, en que los españoles cortaron el acueducto de Chapultepec, abastecedor de agua potable a México. Los soldados de Cortés iniciaron el ataque por las calzadas de Coyoacán, Iztapalapa y Tlacopan. Los bergantines se repartieron en las diferentes lagunas. Todos los pueblos comarcanos estaban en poder de los españoles. Así Tenochtitlan quedaba sujeta a sus propios recursos. Los combates se sucedían a diario, recurriendo los contendientes a muchas argucias; mediante una de ellas, los aztecas lograron derrotar a una columna de Cortés y éste estuvo a punto de caer prisionero. Como sesenta españoles y muchos guerreros aliados quedaron en poder de los mexicas y llevados a la piedra de los sacrificios.

Los valientes tenochcas se animaban gritando que pronto acabarían con los blancos. Sin embargo, el cerco se fue cerrando. Cortés pidió conferenciar con Cuauhtémoc y hubo una tregua de seis días, pero Cuauhtémoc no asistió a la cita y se continuó la guerra. Todas las casas que caían en poder de los conquistadores, eran destruidas y con sus restos se iban tapando las cortaduras; así, la ciudad iba quedando destruida. Los sitiados padecían hambre porque no habían recibido el menor auxilio, pero continuaban resistiendo heroicamente.

En la tarde del día de San Hipólito, 13 de agosto, el capitán García Holguín vio que una canoa de gran tamaño y a gran velocidad se alejaba. García Holguín salió a perseguirla y le dio alcance fácilmente. En ella iba Cuauhtémoc con su familia y algunos principales; el monarca pidió respeto para su familia y acompañantes y se dio prisionero. Fue conducido ante Cortés, a quien le dijo con arrogancia y valor, su rasgo característico: "Malinche: he hecho lo que estaba obligado en defensa de mi ciudad y los míos, y pues ya no puedo más, toma ese puñal que traes en el cinto y mátame con él." Cortés lo abrazó y le dijo que seguiría mandando.

El hedor de los cadáveres y las ruinas de la ciudad hacían imposible permanecer en ella, por lo cual Cortés dispuso irse a vivir a Coyoacán.

Dominación Española

Por conducto del tesorero real, Julián de Alderete, los soldados españoles pidieron que se repartiera el botín. Cortés mandó separar el Quinto Real y lo suyo; el resto lo mandó fundir para repartirlo entre los soldados, resultando cantidades hasta ridículas. Empezaron las murmuraciones acerca de que Cortés estaba de acuerdo con Cuauhtémoc para guardar el tesoro. Julián de Alderete exigió se le diese tormento a Cuauhtémoc para que entregara el tesoro; así, al vencido emperador y a otros nobles se les untó aceite en los pies y se les aplicó fuego. Cuauhtémoc resistió estoicamente el tormento, pero no dijo nada sobre el tesoro, que en realidad se había perdido en la laguna durante la huida de la llamada Noche Triste.

Se hizo el trazado de una nueva ciudad y empezó su reconstrucción, a cargo de la población indígena, explotada, pues tuvo que trabajar sin recibir retribución.

Hasta los pueblos alejados llegó la noticia de la caída de Tenochtitlan en poder de los españoles y se apresuraron a ir a rendir vasallaje al rey de España. Cortés empezó a enviar expediciones para descubrir, conquistar y dar con los lugares donde podría haber oro.

El rey purépecha Zinsicha envió representantes para ofrecerse como aliado y amigo, de lo que se valió Cortés para mandar explorar el occidente y llegar hasta el Mar del Sur. Comisionó a Cristóbal de Olid para que fundara una población por la costa, pero su intemperancia lo obligó a regresar a Pátzcuaro y de allí a México. Entonces, Cortés mandó al capitán Gonzalo de Sandoval, quien fue el más eficiente de sus lugartenientes, entró de paz con los indígenas y fundó la ciudad de Colima.

El capitán Francisco de Orozco salió de Tepeaca o Segura de la Frontera, a Oaxaca y sometió a los mixes y zapotecas. Sandoval regresó a México y luego salió en una nueva expedición que recorrió la costa del golfo de México hasta Coatzacoalcos, mientras que Pedro de Alvarado exploró Tehuantepec, Soconusco y Quetzaltenango. Todos los señoríos de esas partes rindieron obediencia al rey de España.

Con las informaciones obtenidas por los exploradores, Cortés envió una nueva exploración a Centroamérica en busca de un paso al Mar del Sur, confiándose a Cristóbal de Olid, quien llegó a Las Hibueras (hoy Honduras) en donde se sublevó contra la autoridad de Cortés. El Capitán envió a Francisco de las Casas a someterlo, pero como pasó el tiempo y no se tenían noticias, el propio Cortés decidió ir a castigar al rebelde.

Cortés salió de México el 12 de octubre de 1524 con ciento cincuenta de a caballo y ciento cincuenta peones, tres mil guerreros indígenas, así como los señores de

México, Acolhuacán y Tlacopan. Llegaron primero a Jalapa y de allí marcharon a Coatzacoalcos, donde después de descansar algunos días, siguieron y entraron en Tabasco, por lugares pantanosos, ríos muy caudalosos y elevadas montañas, sufriendo hambre y penurias hasta que se recibió la noticia de que Olid había sido muerto.

Al llegar a un poblado llamado Izancanac, en Tabasco, Cuauhtémoc y sus dos compañeros fueron acusados de que se iban a sublevar aprovechando la penuria de los soldados españoles. Sin mayor averiguación, Cortés ordenó que los tres señores aztecas fueran ahorcados. Este crimen se efectuó el martes de carnaval, 28 de febrero de 1525, y no tiene disculpa alguna.

Cuando salió Cortés para Las Hibueras, dejó en México gobernando en su nombre al licenciado Alonso Zuazo, Alonso de Estrada y Rodrigo de Albornoz que se disgustaron entre sí y produjeron disputas y pleitos que provocaron constantes sobresaltos en la ciudad. Cometieron robos y atracos inenarrables. En esas condiciones de trastorno y de inquietud encontró Cortés a la ciudad a su regreso, el 26 de junio de 1526, recibiendo en la capital, así como en las poblaciones que pasó, grandes demostraciones de afecto, como señales del deseo de los habitantes para que bajo su gobierno renaciera la paz y el orden.

Aunque Diego Velázquez había muerto, Cortés tenía muchos enemigos en España que lo habían acusado en la Corte de ser el responsable de los desórdenes, de retener el tesoro de Moctezuma, de la muerte de Cuauhtémoc y de que trataba de alzarse con la Gobernación desconociendo la autoridad de Carlos V. El Real Consejo de Indias dispuso entonces enviar al licenciado Luis Ponce de León para que desempeñara el cargo de Gobernador y sujetase a Cortés a juicio; pero Ponce de León, a los pocos días de llegado, enfermó y murió, dejándole el gobierno al licenciado Marcos de Aguilar, quien también murió. Este dejó el gobierno al antiguo tesorero Real Alonso de Estrada, que se manifestó encarnizado enemigo de Cortés, al grado de prohibirle entrar a la ciudad, por lo cual el Capitán resolvió marchar a España y presentarse ante el Emperador. Sin embargo, cuando ya estaba listo para partir, llegó la noticia de que el Emperador había nombrado una Audiencia Gobernadora para que regulase la vida del país cambiando así el poder militar por el de los jueces letrados.

Las Audiencias fueron instituciones gubernamentales anteriormente empleadas con éxito en la isla de Santo Domingo. Normalmente estaba compuesta por un Presidente y cuatro oidores, quienes, como su nombre lo indica, "oían" quejas, opiniones y representaciones, con el fin de conducir bien la administración. La primera Audiencia Gobernadora de Nueva España tuvo como Presidente al licenciado Nuño Beltrán de Guzmán, gobernador de Pánuco, hombre soberbio, ambicioso y cruel. Entró en funciones el año de 1529, con atributos judiciales y ejecutivos, pero sus miembros se dedicaron a cometer violencias y abusos, con lo cual trastornaron el país. De inmediato chocaron con el primer Obispo de México, Fray Juan de Zumárraga, lo hostilizaron y le prohibieron toda comunicación con la metrópoli. Finalmente, las innumerables quejas llegadas a la Corte, hicieron que el Real Consejo de Indias, por instrucción del Emperador, resolviera establecer en México un virreinato, pero mientras se encontraba una persona de categoría para tal cargo, urgía poner orden en las cosas de la naciente colonia. Se nombró entonces una Segunda Audiencia, presidida por Sebastián Ramírez de Fuenleal y como oidores figuraban Vasco de Quiroga, Juan de Salmerón, Alonso Maldonado y Francisco de Ceinos, todos ellos hombres muy bien preparados, imbuidos en el espíritu de Tomás Moro, honrados y entusiastas, que hicieron un brillante papel. Durante su gobierno se construyó el camino de México a Veracruz; Salmerón y el Padre Motolinía fundaron la ciudad de Puebla, como punto intermedio; se construyeron las primeras carretas para el transporte; se trajeron pies de ganado caballar, bovino y sobre todo asnal, para relevar al indio de su condición de animal de carga; se tramitó la instalación de una imprenta, que sería la primera en el continente americano; se fundó el Imperial Colegio de Santa Cruz de Santiago Tlaltelolco, para jóvenes indígenas, y se reanudaron exploraciones y conquistas.

Cuando se anunció la llegada de la Segunda Audiencia, Beltrán Nuño de Guzmán y sus oidores, sintiéndose responsables de tanto desmán, resolvieron salir de México apresuradamente en dirección a occidente, tanto para escapar a la acción de la justicia cuanto para llevar a cabo empresas de exploración y conquista que dejaran pequeñas a las de Cortés, haciendo así que se olvidaran sus abusos, robos y violencias. Con trescientos españoles y unos seis mil guerreros aliados, salieron el 16 de diciembre de 1529 pasando por el valle de Toluca y llegando a Pátzcuaro, en donde exigieron oro a Zinsicha o Caltzontzin, como le decían los mexicas, que significa "Señor de las finas sandalias". Como éste no entregó lo que le pedía Nuño, los hizo atormentar y asesinar. Caltzontzin desde antes había hecho las paces con Hernán Cortés. En todo su recorrido Nuño Beltrán de Guzmán dejó un rastro sangriento, pues su ambición no tenía límites. Atormentó y ahorcó caciques, "aperreó" poblaciones, es decir, arrojaba sobre los indios que no le entregaban oro, a los mastines, feroces perros de presa.

Nuño y sus soldados, seguidos por indios que iban sujetos por el cuello y ya herrados como esclavos, prisioneros sin motivo en las poblaciones por las que pasaron, entraron al actual Estado de Jalisco; ahí uno de los capitanes, Cristóbal de Oñate, exploró el lago de Chapala. Llegaron a Poncitlán y a Tonalá, en donde cometieron las mismas violencias, robos y crueldades; entraron después al territorio de Zacatecas, en donde saquearon e incendiaron Nochistlán y se apoderaron de muchos indios a quienes emplearon como tamemes. Recorrieron el actual Estado de Nayarit, en donde fundaron las poblaciones de Santiago de Compostela y de la Purificación. La fatiga y las penurias en esas largas caminatas hicieron que algunos soldados se negaran a proseguir las exploraciones. Nuño los acusó de rebelión e hizo ahorcar al que consideraba el principal instigador. Sin embargo, la marcha continuó; recorrieron el actual Estado de Sinaloa, donde fundaron la población de San Miguel de Culiacán, en septiembre de 1531. De esta población salió el capitán Diego de Guzmán para llegar al sur de Sonora, hasta los ríos Yaqui y Mayo. Enviado por Nuño, el capitán Cristóbal de Oñate fundó una población a la que llamó Guadalajara en recuerdo de la ciudad donde nació aquél, pero se cambió tres veces de lugar para preservarla de los ataques de los indígenas rebeldes.

Nuño Beltrán de Guzmán pidió a la Corona la concesión del enorme territorio explorado y conquistado, que abarcaba desde Lerma, México, hasta el sur de Sonora, con el nombre de "Conquista del Espíritu Santo de la Nueva España", pero la Corona ordenó que se le llamara

"Reino de la Nueva Galicia", con capital en Compostela y Nuño como su gobernador.

Como habíamos dicho, Cortés había marchado a España para aclarar las acusaciones en su contra. Habló con el Emperador, quien le reconoció el cargo de capitán general y le dio el título de "Marqués del Valle de Oaxaca". De regreso a México, el 15 de julio de 1530, los oidores no le permitieron entrar a la ciudad, por lo cual se instaló en Tezcoco. Ahí le llegó la noticia que Nuño Beltrán de Guzmán era el Gobernador de la Nueva Galicia. El capitán quiso desconocer esa gobernación, alegando que él ya había tomado posesión de esos territorios por medio de sus enviados, pero fracasó en su reclamación.

Herido en su amor propio, Cortés quiso llevar a cabo otras exploraciones para llegar a las "Islas de las Especies"; armó dos navíos al mando del capitán Diego Hurtado de Mendoza, quien descubrió las Islas Marías; sorprendido por un temporal, naufragó uno de los barcos y el otro cayó en manos de Nuño de Guzmán. Cortés armó otros dos barcos para la misma exploración, pero uno de ellos se perdió y el otro llegó hasta la Baja California, en donde algunos de sus tripulantes fueron muertos por los indígenas y los otros, marchando por tierra en territorios de la gobernación de Nuño de Guzmán, fueron hechos prisioneros por éste.

Cortés zarpó con tres barcos para ir a reclamar a Guzmán; llegó a la Baja California y exploró el mar que hoy lleva su nombre, regresando a México desanimado y enfermo. Después de estos viajes marchó a España para ver al Rey, pero no fue recibido. Se retiró a Castilleja de la Cuesta en donde murió el 2 de diciembre de 1547.

Las numerosas quejas en contra de Beltrán Nuño de

En 1516 llegó a las costas de Yucatán la primera expedición española.

Guzmán, por sus crueldades y sanguinaria conducta con las poblaciones indígenas por las que había pasado y que brutalmente gobernaba, llegaron a la Corona. Esta envió al licenciado Diego Pérez de la Torre para instruirle juicio, pero Beltrán logró huir y marchó a España; ahí se le confinó en la Villa de Torrejón de Velasco donde murió en la miseria el año de 1550.

El capitán Pánfilo de Narváez, quien había sido derrotado por Cortés en Cempoala, intentó conquistar la Florida; salió con una expedición en la que iba como contador real Alvar Núñez Cabeza de Vaca; los barcos se embarrancaron, los soldados desembarcaron y fueron muertos por los indígenas, entre ellos el mismo Narváez. Sólo sobrevivieron Alvar Núñez, dos soldados y un negro esclavo, llamado Estebanico. Durante ocho años, perdidos en dilatados desiertos, a veces en poder de los indios y luego escapando de ser muertos, recorrieron desde la desembocadura del río Misisipí, a través de Texas, Nuevo México, Chihuahua, Sonora y Sinaloa, llegaron hasta el Pacífico. Fueron apresados por los soldados de Nuño Beltrán quien los envió a México, atados en collera. Cuando llegaron a la capital del virreinato, Cabeza de Vaca y sus compañeros fueron puestos en libertad y narraron las cosas extraordinarias que habían visto: dos grandes regiones llamadas Cíbola y Quivira, en donde había siete ciudades, cuyas casas tenían las paredes y los techos de oro y plata; "vacas con joroba", los búfalos, y otras cosas maravillosas que despertaron la ambición de todos. Por esos años gobernaba la Nueva España el primer virrey, don Antonio de Mendoza; llevado por el deseo de hacer méritos, envió una expedición para buscar aquellas ciudades fabulosas, dándole tal encargo a fray Marcos de Niza, que llevó con él a otro fraile, al negro

Estebanico —quien ni por haber tomado parte en esas increíbles empresas dejó de ser esclavo— y a algunos españoles e indios aliados.

Niza y sus compañeros anduvieron por el norte, pero no se sabe a qué altura. El negro Estebanico desapareció, no se sabe si fue muerto por los indios o se fue con ellos para escapar de la esclavitud. Con grandes penalidades Niza regresó a México, contando maravillas de su exploración; aseguraba haber visto de lejos una hermosa ciudad, más grande que México. Estos relatos avivaron más la curiosidad y ambición de los españoles, quienes organizaron expediciones enviadas por Nuño de Guzmán, Hernando de Soto y Hernán Cortés.

Como en esos tiempos fue destituido del gobierno de la Nueva Galicia el "muy magnífico Nuño Beltrán de Guzmán", quedó como gobernador el capitán Francisco Vázquez de Coronado. Este recibió instrucciones del Virrey Mendoza para que encabezara una expedición al norte, en búsqueda de las áureas ciudades. Cruzó el territorio de los actuales Estados de Sinaloa y Sonora, recorrió Arizona y Nuevo México, parte de Texas, Oklahoma, Kansas, pero no encontró más que miserables aldeas: las ciudades de Cíbola y Quivira no existían. Una parte de la expedición de Coronado, que había ido por mar al mando de uno de sus tenientes llamado Melchor Díaz, llegó a la desembocadura del río Colorado y de allí siguió por tierra a recorrer el actual Estado de California. Con sus admirados compañeros, españoles e indígenas tlaxcaltecas, mexicas y purépechas, contempló una de las maravillas naturales del mundo: el Gran Cañón de Colorado. Los exploradores regresaron a sus puntos de partida. Hernando de Soto murió en la desembocadura del Misisipí y su cadáver fue sepultado en el lecho del río.

Cabeza de Vaca pasó al Paraguay como Adelantado y después fue miembro del Supremo Tribunal de Indias, hasta el año de su muerte, 1544.

Oñate, que se había quedado en Guadalajara, se condujo con violencia, lo cual originó constantes rebeliones de los indígenas, hasta que el capitán Juan de Tolosa los trató con amistad y en forma bondadosa. Entonces los caciques zacatecos le sirvieron de guías para llevarlo a lugares ricos en plata. En el más importante fundó el Real de Minas de Zacatecas, en 1548. Entre los compañeros de Tolosa estaba el capitán Francisco de Ibarra, quien por disposición del segundo virrey, don Luis de Velasco, salió de Zacatecas y exploró hacia el norte, fundando varias poblaciones en donde había plata: Fresnillo, Sombrerete, Chalchihuites y Nazas. Toda esta enorme zona, que abarcaba territorios de los actuales Estados de Durango, Coahuila, San Luis Potosí y Zacatecas, recibió el nombre de "Reino de la Nueva Vizcaya", con capital en Durango, anteriormente explorada por Ginés Vázquez del Mercado. Ibarra salió luego de Guadalajara para buscar minas de plata; los indígenas le informaron sobre la existencia de un cerro de ese metal que resultó ser, en realidad, de hierro. Al regreso fue herido de un flechazo y murió en Guadalajara.

Con el fin de unir las zonas exploradas del norte con la capital, el Virrey Velasco dispuso la colonización de los territorios intermedios, comisionando a los caciques españolizados Fernando de Tapia y Nicolás de San Luis Montañés, quienes conquistaron y fundaron las ciudades de San Juan del Río, Querétaro, Apaseo y Acámbaro, en 1555.

En 1579 don Luis de Carvajal, judío converso, trajo autorización para poblar en el noreste. Salió de Pánuco y determinó una enorme extensión cuadrada con doscientas leguas por lado que tenía como centro una población a la que llamó León, actualmente Cerralvo. Dentro de ese cuadro estuvo la población llamada Saltillo fundada por el capitán Alberto del Canto en 1568. Carvajal fundó la población de San Luis, en un ojo de agua, que luego se llamó Monterrey; y, con algunos colonos de Saltillo, más al norte, fundó la población de Nuevo Almadén, posteriormente Monclova. Llevó a sus fundaciones a muchos parientes portugueses, quienes resultaron ser judíos; se les acusó de seguir los ritos mosaicos, por lo cual fue desterrado, mientras que sus compañeros abjuraron de esa religión.

Aunque la Baja California fue descubierta y explorada por Cortés y sus capitanes desde mediados del siglo XVI, fue colonizada hasta el año de 1697 por los padres jesuitas Juan María Salvatierra y Eusebio Kino. Este último se ocupó de la creación de la ganadería en el actual Estado de Sonora y comprobó que Baja California era una península y no una isla.

También Yucatán, la primera tierra mexicana descubierta por los españoles, fue conquistada casi al final. El capitán Francisco de Montejo, compañero y amigo de Cortés, obtuvo capitulaciones para ser nombrado Adelantado de Yucatán, pero por diferentes razones no pudo ver realizada su conquista, dejándola a su hijo y a su sobrino, los dos Montejos que primero ocuparon Champotón y luego fundaron el puerto de San Francisco de Campeche en 1541. De allí salió Montejo, el sobrino, hasta llegar a T-ho, donde fundó la ciudad de Mérida, en 1542. Se puede decir que a excepción de la resistencia del cacique Nachicocom, la conquista de Yucatán fue pacífica.

En 1744 se llevó a cabo la colonización de la Sierra Gorda, el gran territorio que se encuentra entre la Sierra Madre Oriental y el mar, actualmente el Estado de Tamaulipas. El coronel don José de Escandón siguiendo una hábil política, pacificó a los indígenas y fundó las poblaciones de Llera, Güemes, Camargo, Laredo, Reinosa, Altamira, San Fernando y otras, hasta llegar al número de treinta. A esta colonización le llamó el reino de Nuevo Santander.

Desde las exploraciones de Vázquez de Coronado y de Soto en el siglo XVI, los vastos territorios de Texas y Nuevo México estuvieron casi abandonados por los españoles, hasta que las actividades de los franceses, encabezados por el Señor de La Salle, Roberto Cavelier, los hicieron tomar providencias en 1682. Sin embargo, los exploradores franceses poco a poco fueron muertos o hechos prisioneros; después Texas fue abandonada y sólo quedaron algunos pueblos que nunca prosperaron hasta que México los perdió.

Las fundaciones de los españoles en México, que actualmente revisten carácter de ciudades o poblaciones importantes, tienen tres orígenes: Reales de Minas, Misiones y Presidios. Los Reales eran fundos mineros o yacimientos de oro o plata; se fundaban ahí poblaciones formadas por mineros y por gente que buscaba bonanza. Se les llamaba Reales porque la tierra se consideraba propiedad del Rey, quien otorgaba licencia a los mineros para su explotación. De este origen fueron los Reales de Zacatecas, Taxco, Pachuca, Guanajuato y otros más. Ante la necesidad de proteger los Reales contra el bandolerismo y los ataques de los indios alzados, así como de mantener el enlace seguro y expedito entre ellos y las grandes poblaciones, tanto para la custodia de convoyes de plata y oro como para llevar lo necesario a los minerales, se fundaron establecimientos militares —llamados "presidios" o campamentos— con colonos armados e indios aliados que servían como auxiliares. De ese origen son San Felipe (Torres Mochas), San Luis de la Paz, San Miguel el Grande, Chihuahua, Santa Bárbara y otras más.

Las misiones eran centros de evangelización en las poblaciones sedentarias indígenas; constituyeron verdaderas avanzadas para la colonización. De este origen son las grandes ciudades norteamericanas San Diego, San Francisco, San Juan Capistrano, Los Angeles, fundadas por el fraile franciscano Junípero Serra.

En general, para la colonización los aliados mexicas, tarascos y tlaxcaltecas contribuyeron más que los propios españoles. Con ellos se poblaron ciudades como Saltillo, San Luis Potosí, San Antonio de Texas y hasta la ciudad de Manila, en las islas Filipinas, archipiélago océanico conquistado por Miguel López de Legaspi, enviado por el segundo virrey, don Luis de Velasco. Con Legaspi fue el marino vasco, convertido en monje agustino, Andrés de Urdaneta, quien muy experto en la navegación, encontró la manera de regresar a Acapulco saliendo de la influencia de las corrientes marinas que llevan al norte. Con esta posibilidad de ir y regresar, pronto se estableció un activo comercio entre Manila y Acapulco; éste originó, por una parte, grandes ferias y riqueza en las poblaciones por donde pasaban las conductas de Acapulco a Veracruz, en donde muchas mercaderías seguían el camino a España; y por otra parte, dio lugar a que corsarios y piratas ingleses asaltaran la "Nao de China", como le llamaban al galeón que periódicamente llegaba a Acapulco.

Con el paso del tiempo, la Nueva España fue cobrando características muy propias y planteando problemas que los gobernantes trataron de resolver, pero en forma desatinada. Desde un principio toda la tierra fue considerada como "tierras realengas", es decir, tierras propias del rey.

Caracteres Generales de la Estructura Económica de la Nueva España

Los conquistadores, especialmente Cortés, trajeron a México técnicas, instrumentos, semillas y otros elementos completamente desconocidos por los pueblos indígenas. El empleo de moneda para sustituir al trueque; la introducción de animales de carga, de tiro y de silla o de suministro de alimentos, como la vaca, la cabra y la oveja. La siembra y la plantación de vegetales, como el trigo, el arroz, la caña de azúcar y muchos frutos que fueron transformando los usos y costumbres de la colonia. La siembra por surqueo, la noria, el uso del hierro para hacer útiles de labranza y de otros trabajos como la cantería y el labrado de madera.

Sin embargo, la política económica de Nueva España estaba sujeta a cuatro características básicas, a saber: la propiedad de la tierra, la prohibición de ciertos cultivos, la industria, muy rudimentaria, también sujeta a limitaciones y, por último, el monopolio de tráfico, en beneficio de dos puertos españoles: Sevilla y Cádiz.

La Propiedad de la Tierra

Tan pronto como se produjo la Conquista, los españoles se repartieron las tierras y se les "encomendó" cierto número de indígenas para que las trabajaran.

Al principio, los repartos de tierras se hicieron como pagos de servicios prestados a la Corona. Después, a título de simple donación, se otorgaron grandes extensiones de tierra. A este tipo de donaciones se les llamó "Mercedes Reales", formándose así enormes latifundios. De esta manera, la propiedad rústica y urbana estaba en manos de una quinta parte de la población y el resto no poseía nada. La mayoría de los propietarios vivían en las ciudades y sólo se limitaban a recoger los productos de las cosechas. En muchas ocasiones, los propietarios ni siquiera conocían sus haciendas que dejaban en manos de mayordomos.

Debido al descuido en que se tenían las haciendas, no producían lo suficiente. Los propietarios llevaban una vida de grandes gastos, por lo cual empeñaban su propiedad a la Iglesia o a los mineros quienes se convirtieron en grandes prestamistas.

Además de los grandes latifundios o haciendas, se fueron formando ranchos y congregaciones. Los primeros eran fracciones de tierras que los españoles daban a sus hijos habidos con mujeres indígenas, estos mestizos fueron los verdaderos rancheros, mientras que los españoles peninsulares y los criollos eran los hacendados. Cuando varias familias mestizas formaban un poblado y se unían para ayudarse en las labores de campo, formaban las congregaciones. Se estableció como una costumbre el hecho de heredar al hijo mayor la gran propiedad que sólo podía trasmitirla de igual modo a su sucesor. A esto se le llamó Mayorazgo.

El 8 de noviembre de 1519 el emperador Moctezuma II recibió por primera vez en la ciudad de México-Tenochtitlan al conquistador Hernán Cortés.

Pero el más rico de los propietarios de tierras era el clero, pues desde un principio recibió grandes extensiones por disposición real o por la de los conquistadores y gobernantes. Con el paso del tiempo, las comunidades religiosas acrecentaron sus propiedades con las obvenciones parroquiales, herencias, donaciones, diezmos y primicias, legados e hipotecas. Además, el clero no trabajaba las tierras sino que las rentaba, lo cual aumentaba su riqueza, al grado de que, según cálculos de personas informadas, en la Nueva España la mitad de las propiedades y de los capitales estaban en manos de la Iglesia, que además gozaba el privilegio de no pagar impuestos.

La Agricultura

La base de la alimentación de la gran masa de población de la Nueva España fueron el maíz, el frijol, el chile y el pulque, bebida embriagante obtenida del maguey. Los españoles trajeron el trigo, el plátano, el arroz, la caña de azúcar y los árboles frutales, cuyo cultivo fue propagado principalmente por los misioneros. La morera y el gusano de seda, la vid, el lino, cobraron gran importancia a partir del gobierno de la Segunda Audiencia, pero después su cultivo fue prohibido con el fin de proteger los productos traídos de la metrópoli.

Otros cultivos y explotaciones novohispanos de gran importancia fueron el palo de tinte de Campeche; la cochinilla o insecto de las nopaleras, de la que se obtenía un brillante color púrpura para hilados y tejidos; el de la vainilla, el cacao, el tabaco, el añil y las maderas preciosas.

La agricultura novohispana siempre estuvo atrasada debido a la irregularidad de las lluvias, al cultivo extensivo, rutinario y de temporal, a la carencia de presas y a otros sistemas de riego; así como también, la indiferencia de los propietarios para mejorar la producción, por los "mayorazgos" y los "bienes de manos muertas", que dejaban baldías grandes extensiones de magníficas tierras.

Una de las preocupaciones de Cortés, aun antes de que se apoderara de Tenochtitlan, fue la de trasladar a la Nueva España ganado mayor y menor y aves de corral. La Segunda Audiencia, que en todo puso su noble mano, se ocupó de traer ganado para cría de manera que muy pronto se propagaron caballos, mulada, ganado bovino, asnal y especies menores. Luego la Nueva España remitió enormes cargas de cuero crudo para las industrias españolas. En las llanuras del norte corrían en pleno estado de libertad, por miles, caballos mesteños o salvajes.

La Minería

La actividad principal de la Nueva España fue la minería, industria que alcanzó notable desarrollo debido a los siguientes factores: el descubrimiento de ricos placeres, sobre todo de plata; la mano de obra indígena, muy barata; el interés de la Corona por recibir un Quinto Real más abundante concedió muchos privilegios a los mineros y prohibió definitivamente al clero intervenir en negocios de minas. Uno de los factores técnicos fue un invento para beneficiar los minerales, realizado en el Real del Monte por el sevillano Bartolomé de Medina, el año de 1554; consistía en triturar el mineral para mezclarlo con mercurio y sal con lo cual se lograba un mayor rendimiento. A esta técnica se le llamó beneficio de Patio o de amalgama; poco después se economizaba mucho mercurio por la Capellina, inventada por un minero del Real de Taxco llamado Juan Capellán.

A fines del siglo XVIII, ya bajo la monarquía progresista de Carlos II, se fundó en México el Real Colegio de Minas y una especie de banco refaccionario que prestaba dinero a muy bajo rédito a mineros que lo necesitaban para explotar una nueva veta, hacer ampliaciones o cualquier otro trabajo. Se dictaron las Ordenanzas de Minas y se erigió un Tribunal o Diputación de Minas para proteger a los mineros.

La Industria

En Nueva España las otras industrias tuvieron escaso desarrollo, pues se carecía de capitales para mejorar su rendimiento. Los telares de madera eran accionados a mano y sólo se labraban telas burdas de lana y de algodón. Como ya se mencionó, la industria de la seda quedó prohibida, lo mismo la del lino y la de vinos finos. Los establecimientos industriales, antecesores de la fábrica, se llamaban "obrajes"; en ellos los trabajadores —principalmente mulatos y mestizos— vivían en calidad de presos por deudas, en condiciones infrahumanas. Existían otros tipos de fábricas llamados "talleres artesanos". Los dueños y trabajadores eran españoles y criollos agrupados por cofradías religiosas con un santo patrón. Por las disposiciones legales que los regían formaban gremios, los cuales conservaban en secreto la técnica de su trabajo. Las principales industrias de hilados y tejidos se encontraban en las ciudades de México, Puebla, Guadalajara y San Miguel el Grande. El laboreo de tabaco, pólvora, curtiduría, sal, naipes y nieve constituyeron "estancos", es decir, sólo podían ser producidos por el gobierno virreinal.

Los sistemas de mano de obra para el trabajo del campo y de las minas fueron la esclavitud, luego la encomienda y después el peonaje. Al principio, los indios hechos prisioneros en las expediciones de conquista eran herrados y así adquirían la condición de esclavos; posteriormente los indios esclavos fueron sustituidos por "encomendados" y cuando desapareció esa arbitraria institución, pasaron a la situación de peones para haciendas, minas y obrajes; sin embargo, la situación del indio no cambió: las jornadas de trabajo eran de sol a sol, a cambio de salarios miserables.

Con el fin de mejorar la situación tan denigrante de los peones, el virrey Matías de Gálvez publicó el "Reglamento de Gañanería", en 1785, que prohibía el préstamo de más de cinco pesos a los trabajadores, para impedir que fueran víctimas de la "Tlapizquera", o prisión, a la cual ingresaban los indios endeudados. Pero las disposiciones virreinales no fueron acatadas; en haciendas, minas y obrajes se establecieron las "tiendas de raya" en donde el peón, en vez de dinero, recibía su sueldo en especie: ropa, alimentos y aguardiente, a precios exorbitantes, de manera que se veía obligado a pedir dinero prestado y así quedaba endeudado de por vida.

El Comercio

Desde el año de 1503 la Corona fundó y estableció en la ciudad de Sevilla la Casa de Contratación, ya referida. Además de su autoridad para recaudar impuestos y recoger el Quinto Real, revisaba mercancías, recibía y contaba dineros remitidos a particulares y vigilaba que los barcos fueran españoles, con tripulaciones españolas. Esta institución permitió un monopolio comercial que tendía a proteger el comercio de la Metrópoli con sus colonias; pero en vez de ser benéfica para España, le fue muy perjudicial pues favoreció el contrabando y la salida de dinero ya que los españoles tenían que comprar en Holanda, Inglaterra y Francia muchos artículos de lencería, cuchillería, cerámica, armas, objetos de hierro, papel, aceites, aguardientes, pieles, etc. Así todos los países europeos se enriquecieron, aumentaron el número de sus fábricas y de sus productos.

Durante los siglos XVI y XVII la piratería y el corso constituyeron un verdadero azote. Para sortearlos, la Casa de Contratación dio la orden, en marzo de 1529, de formar flotas para que reunidos los barcos, navegasen en conserva, pero los salteadores del mar no los respetaron, por lo que en 1550 se destinaron dos flotas de guerra para escoltar a los navíos de comercio. Una flota quedaba en Veracruz y daba la escolta hasta las Canarias; y otra, de Sevilla, daba su servicio de ese puerto también hasta las Canarias. Dos veces al año zarpaban las flotas de Sevilla y de Veracruz, respectivamente. Pero este sistema resultaba muy tardado, pues las comunicaciones eran muy lentas y muchas veces las mercaderías se echaban a perder en las bodegas.

Al desaparecer la piratería, como una consecuencia del ascenso de los Borbones al trono español, se suprimió el sistema de "flotas" y a partir de 1764 se estableció un servicio mensual de correos con barcos ligeros y bien abarrotados de mercaderías. En 1765 se abrieron al comercio los puertos de La Habana y de Santiago, en Cuba; Santo Domingo, Trinidad y Puerto Rico; y en España, los de Alicante, Málaga, Cartagena, Santander y Barcelona, además de Sevilla y Cádiz. En 1774 se permitió el comercio marítimo entre Veracruz, Guatemala, la Nueva Granada, Panamá, y de Acapulco hacia el Perú. Unos años después, se abrieron nuevos puertos al comercio y a los negocios.

El comercio interno en Nueva España no era fluido. Los malos caminos, la poca seguridad existente debido a la multitud de partidas de bandidos, y en el norte, la amenaza constante del ataque de los indios apaches y comanches; el pago de alcabalas y otros impuestos hacían que las mercancías tuviesen precios muy elevados. En ciertas épocas del año, previo acuerdo con los interesados, se aproximaban a la costa de Texas o de Tamaulipas, especialmente barcos holandeses que vendían a muy buen precio cientos de artículos de fina manufactura. A este respecto, se comentaba que hasta la virreina andaba vestida con telas de contrabando.

La política liberal de Carlos III, tan benéfica en todos los sentidos, expidió la Real Pragmática del Comercio Libre, que concedió numerosas franquicias, aumentando las ganancias por el volumen de importaciones y exportaciones en los derechos aduanales. Además, se creó en México el Tribunal del Consulado cuya finalidad era apresurar los trámites comerciales de gran beneficio para los consumidores y negociantes.

En Nueva España el comercio interior se llevaba a cabo por cuatro caminos principales: el de México a Veracruz, por Puebla y por Jalapa; el de México a Acapulco; el de México a Guatemala, por Oaxaca; y el de México a Santa Fe (Nuevo México), por Durango. Estos caminos tenían ramificaciones de importancia, como fueron las de San Luis Potosí a Monterrey y la de Toluca a Valladolid y a Guadalajara.

La Hacienda Novohispana

La Real Hacienda controlaba los ingresos y los gastos del Virreinato, las recaudaciones interiores y los impuestos al comercio exterior. La fuente principal de ingresos fue el Quinto Real, principalmente importante el de las empresas mineras. Lo que se recogía como tributo que pagaban indios y castas no representaba un caudal fuerte, a pesar de que ya en el siglo XVIII llegó a ser de tres pesos anuales. Este tributo se dividía en tres partes: el que se entregaba a la Corona, el que se daba al "Mandón" y el que se daba como obvención a la Iglesia. Estaban exentos de este tributo las mujeres, los niños, los ancianos, los milicianos y los tlaxcaltecas. La Iglesia no pagaba ningún impuesto, por ningún concepto.

En el comercio había que pagar tres tipos de impuesto: el de "Avería", o pago de las tripulaciones, y el mantenimiento de los buques de guerra que escoltaban a los convoyes; el de "Almojarifazgo", o pago de un tanto por ciento sobre el valor de las mercancías, y el de "Alcabala", que era el pago del 6% a la salida de las mercancías; y el 10% a la llegada a los puertos finales. Este último lo pagaban los compradores.

Uno de los problemas que tuvo Nueva España, principalmente en el siglo XVI, fue la carencia de moneda. Hernán Cortés mandó comprar moneda española, pero resultó insuficiente para todas las transacciones indispensables; también dispuso acuñar moneda, pero fue muy irregular en su circulación y de un cuño mal elaborado. El virrey Mendoza fundó la primera Casa de Moneda en 1536; ahí se acuñaron monedas de plata y de "vellón", amalgama de plata y cobre, despreciada por los indígenas. Hasta 1575 se acuñaron monedas de oro puro, muy bien labradas. Sin embargo, las monedas de mayor circulación fueron de plata, de a "peso", de a cuatro reales y submúltiplos. La moneda acuñada en México recibió mucha fama; el "Cuño Mexicano" tenía gran prestigio.

De las posesiones españolas en América, la más opulenta y rica fue la Nueva España por lo cual no sólo hacía remesas periódicas a la Metrópoli sino que enviaba "situados" o cantidades fuertes de dinero, para ayudar en los gastos de capitanías y establecimientos españoles, tanto en América como en Asia, o cuando alguna colonia había sufrido una calamidad. De 20 millones de pesos que se recaudaban anualmente, 10 se empleaban en gastos propios; 7 se remitían a la Corona y 3 se destinaban a "Situados".

Aspectos Políticos de la Nueva España

La Población

La población de Nueva España estuvo básicamente formada por indígenas, blancos españoles, negros y las mezclas que de ellos se originaron, llamadas "castas".

Los indígenas eran los más numerosos y sobre ellos cayó el peso de la esclavitud, la encomienda, el repartimiento y el peonaje. Desde el inicio de la conquista, todas las poblaciones que oponían resistencia y caían prisioneras, quedaban en condición de esclavos, sin distinción de sexo y edad, se les herraba en un brazo con la letra "G", de guerra. Después de la conquista, los soldados recibieron tierras e indios en "encomienda", sistema de explotación peor que la propia esclavitud, pues los indios encomendados no costaban ningún dinero y se tenían sin cuenta. Cuando los trabajadores indios morían por maltrato, hambre, enfermedades o accidentes de trabajo, los encomenderos pedían más mano de obra y se

El sitio de Tenochtitlan fue iniciado por los españoles el 26 de mayo de 1521.

les proporcionaba sin mayor averiguación. Se ha dicho que en el trabajo de las plantaciones, de las minas y los obrajes, la mano de obra indígena fue muy buena, principal y barata. El peonaje no cambió la condición del indígena, quien siguió viviendo en situación miserable. Durante los tres siglos de dominación española, los indios vivieron en condiciones tan humillantes y de mal trato, que constantemente se produjeron rebeliones. Entre éstas estuvo la duramente reprimida por el virrey Mendoza en Nueva Galicia; la de Topia, Durango en 1598, sofocada por el gobernador Francisco de Urdiñola; la insurrección en Tepehuanes, también en Durango; la rebelión de Tehuantepec contra los excesivos tributos; y, otras muchas sublevaciones en Chihuahua, Sonora, Nayarit y Yucatán, todas ellas contra el maltrato y los abusos de los dominadores.

Se calcula que hacia fines del siglo XVIII, la Nueva España tenía una población de cuatro millones y medio de habitantes; sólo la décima parte eran blancos: los españoles peninsulares y sus hijos, los criollos. Los españoles europeos o peninsulares, los "gachupines", como general y despectivamente se les llamaba, constituyeron un grupo de privilegio porque tenían en sus manos el gobierno, la Iglesia, el comercio calificado y las grandes propiedades agrícolas y mineras. Aunque por regla general no eran de las mejores clases sociales de España, tenían grandes cualidades: espíritu emprendedor, trabajadores, ahorrativos y ordenados, valientes y enérgicos; todo ello les permitía prosperar, amasar grandes fortunas y obtener matrimonios con mujeres ricas. Su número era reducido pues se calcula que apenas serían 76 000.

Los españoles nacidos en América eran llamados "criollos" o "americanos", no bien vistos por los peninsulares porque eran de genio más despierto y fino que sus padres, más instruidos, amantes de la buena vida, de la ostentación y el lujo, derrochadores de su patrimonio. Eran dueños de haciendas de mediana importancia, comerciantes en pequeño, curas de parroquias alejadas, abogados, médicos, técnicos mineros y oficiales del ejército. Los españoles peninsulares los privaron, en lo general, de desempeñar cargos importantes en el gobierno. Esto fue uno de los factores primordiales que obligó a los criollos a buscar la independencia. Poseían la firme idea de que ellos, por haber nacido en estas tierras, debían ser los que las gobernaran. Esto contribuyó a que fuera formándose un sentimiento de animadversión hacia los españoles europeos.

Desde el principio de la conquista, los españoles trajeron algunos negros. Ya se ha dicho que un servidor negro que vino con Narváez trajo el mal de la viruela, que causó la muerte de miles de indígenas, entre ellos a los caciques tlaxcaltecas y a Cuitláhuac; pero después, durante la época ya netamente de dominación, la llegada de negros a Veracruz, procedentes de las factorías portuguesas de Guinea, originó las llamadas "ferias negreras" en donde los mineros y hacendados compraban esclavos para sus empresas.

En Nueva España no hubo muchos negros. A fines del periodo colonial apenas si habría unos 10 000 empleados en las minas, en las haciendas azucareras o como domésticos en las ciudades. Les estaba prohibido portar armas y no podían usar adornos de oro o ropas finas. Hasta 1784 quedó suspendida la terrible costumbre de marcarlos con hierro. Llevaban el nombre de "mansos" cuando vivían en los establecimientos de trabajo o en las ciudades, y "cimarrones" cuando huían a las montañas para vivir en libertad.

Los negros fueron rebeldes. En muchas ocasiones huyeron con los piratas y corsarios, tomando parte en los saqueos de las poblaciones de la costa y cometiendo salvajes venganzas. En 1609, siendo virrey don Luis de Velasco hijo, se sublevaron los negros de la costa de Veracruz, encabezados por Antonio Yanga, y mantuvieron en sobresalto durante mucho tiempo a las poblaciones situadas entre Córdoba, Orizaba y Veracruz por los asaltos y robos a mano armada. Yanga, sin dejar de ser el jefe, dejó el mando a otro negro llamado Francisco de la Matosa. Velasco hizo perseguir a los rebeldes y se les derrotó, pero Yanga obtuvo del virrey que se les reconociese su libertad y se les permitiese vivir como fieles vasallos del Rey en un pueblo cercano a Córdoba, al cual se le llamó San Lorenzo de los Negros. La Corona cumplió el compromiso y los negros vivieron en paz.

De los grupos raciales mencionados se produjo una mezcla complicada llamada genéricamente, "castas"; éstas fueron objeto de desprecio por parte de los blancos. La más importante era la de los "mestizos", hijos de español e india; le seguía la de los "mulatos", hijos de español y negra; y luego la de los "zambos", hijos de negro con india. Con el tiempo se multiplicaron estos tipos, recibiendo nombres curiosos y extravagantes como "salto-atrás", "no te entiendo", "moriscos", "pardos", "lobos", "cambujos", "albarazados", etc.

En un principio los mestizos fueron bien vistos y bien tratados. El hijo de Cortés, habido con doña Marina, fue paje de Felipe II y sirvió con distinción en el ejército español en Argelia y en Alemania, aunque luego quedó involucrado en la conjuración de su hermano Martín

Cortés y Monroy, pero no se le castigó, por ser hijo del conquistador y Caballero de Santiago. Ya en el siglo XVII y sobre todo en el XVIII, los mestizos fueron objeto de desconfianza tanto para los españoles como para los indígenas. A éstos los robaban, les enseñaban malas artes, a jugar apuestas y a hacer marrullerías. Eran capitanes de partidas de bandidos, mayordomos en las haciendas, extraordinarios jinetes y arrendadores de caballos, dados a las riñas con cuchillo y a otros alborotos. Fueron muy buenos soldados en el ejército del Rey; en todos los informes militares de la época, abundan los elogios de exigentes jefes españoles para las tropas formadas por mestizos.

Los mulatos eran los hijos de españoles con negras. Trabajaban como mayordomos en minas, haciendas y obrajes, aunque también como buenos sirvientes y cocheros en las casas ricas. Las tropas milicianas de Veracruz, estaban formadas por mulatos y llamadas por el pueblo los "Morenos"; rindieron muy buenos servicios en el regimiento de Infantería de las Tres Villas (Córdoba, Jalapa y Orizaba) que combatió con extraordinaria valentía en el Monte de las Cruces, al principiar la revolución de independencia.

Divisiones Políticas del Territorio de la Nueva España

De todas las disposiciones giradas por el Real Consejo de Indias se fue haciendo una recopilación para darle cuerpo legal mediante estudios que les dieran carácter de perennidad y funcionalidad, labor hecha por el ilustre licenciado don Antonio León Pinelo, humanista que se ocupó de hacer un instrumento para defender al indígena de los abusos de los conquistadores y encomenderos. Pero como estas leyes perjudicaban a las voraces ambiciones de los colonos, se optó por no darles cumplimiento.

Ya hemos mencionado que en razón de los desmanes cometidos por los conquistadores y oficiales reales, el emperador Carlos V dispuso, a través del Real Consejo de Indias, la constitución del virreinato de Nueva España. El virrey representaba el poder de la monarquía y tenía cinco atribuciones: gobernador, jefe militar o capitán general, presidente de la Real Audiencia de México, administrador principal de la hacienda y encargado de la propagación de la religión católica.

Para llevar a cabo sus cometidos, los virreyes debían visitar los pueblos de españoles y de indios; designar la fundación de nuevos centros de población; organizar las milicias; revisar el armamento, la fabricación de pólvora y la construcción y conservación de fortalezas; reglamentar el trabajo y la servidumbre de los indios, y determinar las jurisdicciones de las parroquias y obispados. Desde el primer virrey, don Antonio de Mendoza, hasta el último, don Juan O'Donojú, la Nueva España tuvo sesenta y dos virreyes, de los cuales hubo desde muy buenos, hasta pésimos.

Los buenos virreyes novohispanos del siglo XVI fueron don Antonio de Mendoza, don Luis de Velasco padre, don Pedro Moya de Contreras y don Luis de Velasco, hijo. En el siglo XVII son dignos de mención el obispo Juan de Palafox y Mendoza, y fray Pedro Enríquez de Rivera. En el siglo XVIII, ya en la monarquía de los Borbones, fueron notables el Duque de Linares, el Marqués de Croix, don Antonio María de Bucareli y don Juan Vicente de Güemes y Pacheco, segundo Conde de Revillagigedo que seguramente fue el mejor de todos.

Desde el establecimiento del Virreinato hasta 1789, la Nueva España estuvo dividida en reinos y provincias, en la forma siguiente: 1) Reino de México que comprendía las provincias de México, Tlaxcala, Puebla, Oaxaca y Valladolid. 2) Reino de la Nueva Galicia, con las provincias de Jalisco, Zacatecas y Colima. 3) Nuevo Reino de León. 4) Gobernación de la Nueva Vizcaya, que comprendía los actuales Estados de Durango y Chihuahua. 5) Gobernación de Yucatán, compuesta por las provincias de Mérida, Tabasco y Campeche. 6) Provincia de Texas o Nuevas Filipinas. 7) Provincia de Coahuila, o Nueva Extremadura. 8) Provincia de Sonora y Sinaloa, o Nueva Navarra. 9) Provincia de Nuevo México o Santa Fe. 10) Provincia de las Californias. 11) Provincia del Nuevo Reino de Toledo o Nayarit. 12) Colonia del Nuevo Santander, actualmente Tamaulipas.

El jefe de gobierno de todos estos reinos, provincias, gobernaciones y colonias era el virrey quien delegaba sus atribuciones en cada dependencia en un gobernador militar y administrativo. Cuando los pueblos de indios y mestizos crecían en habitantes y en importancia, se les designaba Alcaldías Mayores, a cargo de un alcalde mayor. Los pueblos habitados en su mayoría por españoles o criollos se les llamaba Corregimientos, a cargo de un corregidor. Estos funcionarios cuidaban del orden, de la limpieza, de la construcción de caminos, de recoger los tributos y de perseguir a los delincuentes.

Los pueblos de indios formaban "repúblicas", gobernadas por caciques o mandones quienes cuidaban de la enseñanza de la religión, de la limpieza de las calles y del buen empleo de los ejidos y montes.

El siglo XVIII representó para España un cambio completo en sus usos y costumbres. La dinastía de los Habsburgo, austriaca, fue reemplazada por la dinastía Borbón, francesa, que llevó a España el espíritu de la Corte de Versalles; pero con el advenimiento de Carlos III, sin duda uno de los mejores monarcas que ha tenido España, se impusieron las ideas del "Despotismo Ilustrado", introduciendo grandes reformas tanto en España como en sus colonias. Siendo la Nueva España el virreinato más importante, el gobierno de la Corona dispuso que pasara a dicho virreinato el visitador don José de Gálvez, escogido por el brillante ministro Floridablanca, con el objeto de mejorar y modernizar el gobierno de esa gran dependencia para obtener mayores rendimientos en los impuestos y corregir abusos. Es explicable que el visitador Gálvez tuviera incidentes enojosos con el virrey, quien se sentía invadido en sus funciones; pero Gálvez, apoyado por la monarquía, intervino en todos los aspectos de la vida del virreinato desplegando gran actividad, orden, honradez y conocimientos. Visitó todo el país hasta California, Nuevo México y Texas en donde fundó presidios y colonias. Previniendo el peligro del filibusterismo anglosajón, estableció los "estancos", reglamentó las rentas reales y distribuyó al territorio en Intendencias para su mejor control y administración a partir de 1786 en la forma siguiente: Intendencia de la Nueva Vizcaya, formada por Durango y Chihuahua; Intendencia de Sonora y Sinaloa; Intendencia de San Luis Potosí, que comprendía los territorios de Tamaulipas (Nuevo Santander), el Nuevo Reino de León, el de los actuales San Luis Potosí, Coahuila y Texas; Intendencia de Zacatecas; Intendencia de Guadalajara; Intendencia de Guanajuato; Intendencia de Valladolid; Intendencia de México; Intendencia de Puebla; Intendencia de Veracruz; Intendencia de Oaxaca;

Intendencia de Yucatán. Además, Gálvez organizó tres grandes provincias: Nuevo México y las dos Californias. Después de esta división original, hubo necesidad de hacer un reajuste y se establecieron las Provincias Internas, unas dependientes del virreinato y otras, de un comandante militar, residente en Chihuahua. Las Provincias Internas de Oriente las constituían los territorios de Texas, Coahuila, Nuevo Santander y el Nuevo Reino de León; y las Provincias Internas de Occidente las formaban Sonora, la Nueva Vizcaya, Nuevo México y Alta California.

También por disposición del gobierno de Carlos III, el Real Consejo de Indias fue convertido en Ministerio de Indias, quitándole muchas atribuciones. Cuando se establecieron las Cortes de Cádiz, constitucionales, en las que se dio cabida a los diputados americanos en 1812, dicha institución desapareció.

Las primeras formas de gobierno que tuvo la Nueva España fueron las Audiencias; al final de la época colonial había dos: la de México y la de Guadalajara. Conservaron su carácter judicial y sólo estaban facultadas para gobernar en ausencia o falta de los gobernadores o de los virreyes, pero tuvieron el importante cometido de fiscalizar los actos del virrey, pero no fueron sino ocasionalmente órganos de gobierno.

La Iglesia durante la época Colonial

Durante los tres siglos de dominación española y muchos años después, la sociedad mexicana estuvo fuertemente influida por la Iglesia Católica en todos sus actos, sin excepción. Desde la época de la Conquista, los frailes que acompañaron a Cortés y él mismo se encargaron de propagar las primeras ideas religiosas entre los caciques y principales por donde iban pasando. En la última de sus *Cartas de Relación,* el Capitán pidió al emperador Carlos V que enviara frailes para la evangelización de los indígenas, no clérigos porque éstos eran de costumbres un tanto licenciosas y podían dar el mal ejemplo entre los catecúmenos.

Las Ordenes Religiosas

Sin órdenes apostólicas y con un simple permiso de sus Padres Provinciales, tres religiosos franciscanos flamencos, los frailes Juan de Tecto, Juan de Ayora y el

Pedro de Gante fundó en la ciudad de Tezcoco la primera escuela de todo el Continente Americano.

lego Pedro de Gante, este último pariente muy cercano del emperador Carlos V, embarcaron hacia la Nueva España en 1522, estableciéndose en la ciudad de Tezcoco, en donde el padre Gante fundó la primera escuela en toda la América continental. En ella enseñó canto, escultura de imágenes religiosas y algunos oficios como cantería y carpintería. Fundó más de cien iglesias y gran número de escuelas, mientras que él aprendía el náhuatl, para predicar a los indígenas en su propia lengua.

Al año siguiente llegaron a México doce religiosos franciscanos, encabezados por fray Martín de Valencia. Entre ellos venía fray Toribio de Benavente, conocido en la historia y en el mundo con el nombre de "Motolinía", que en náhuatl significa "pobre", por su humildad. Hicieron el recorrido a pie desde Veracruz hasta Tlaxcala, en donde fueron recibidos por los férreos conquistadores con grandes muestras de respeto. Esto causó gran extrañeza a los indígenas, acostumbrados a la violencia de los españoles. Los franciscanos se extendieron por todo el territorio de la Nueva España y su influencia fue muy grande debido a sus grandes cualidades evangelizadoras y civilizadoras.

Doce misioneros de la Orden de Santo Domingo, encabezados por fray Tomás Ortiz, llegaron en 1526 a Veracruz. Pero Ortiz regresó a España, quedando en su lugar fray Domingo de Betanzos. Entre estos dominicos venía el que iba a ser famoso defensor de los indios, fray Bartolomé de las Casas.

Tanto los franciscanos como los dominicos se preocuparon por defender a los indios, con la diferencia de que los primeros lo hacían mediante la piedad y en nombre de Dios, y los segundos exigiendo el cumplimiento de la ley y amenazando con llevar las acusaciones ante el Rey. Los dominicos se extendieron por Oaxaca y Chiapas.

En 1533 llegaron a Veracruz los agustinos, encabezados por fray Francisco de la Cruz, e inmediatamente se extendieron por los actuales Estados de Michoacán, Guanajuato, Guerrero, Querétaro y las Huastecas, construyendo iglesias, conventos, escuelas y enormes obras de irrigación.

Posteriormente y a finales del siglo XVI, llegaron los jesuitas, quienes se dedicaron particularmente a la enseñanza y a colonizar Sonora, Arizona y la Baja California. También llegaron otras órdenes religiosas, como los mercedarios y los hospitalarios (carmelitas y benedictinos) que se ocuparon de atender enfermos en los hospitales.

La tarea evangelizadora fue enorme, esforzada y peligrosa. Muchos frailes murieron a manos de los indios, pero en general su humildad y sus virtudes fueron estimadas por los aborígenes, quienes siempre los siguieron fielmente. Los medios empleados por los misioneros fueron muy variados, desde los castigos duros, azotes y encarcelamiento hasta una labor de convencimiento y de explicación de la doctrina cristiana por medio de escritura jeroglífica, cantos, procesiones y pequeñas representaciones teatrales —con temas bíblicos— tan gustadas por los indígenas, que todavía hoy perduran.

Pugna entre el Poder Civil y el Clero

Anteriormente se ha citado el derecho de Real Patronato por el cual, el Papa Alejandro VI en 1501 concedió a perpetuidad a los monarcas españoles los diezmos y las primicias de los territorios conquistados. Los monarcas adquirían la obligación de propagar el Evangelio, convertir a los indígenas al catolicismo, construir iglesias y conventos, designar a las personas que debían desempeñar las altas dignidades eclesiásticas y hacer una división religiosa de los territorios de sus amplios dominios. Como no hubiera sido posible llevar a cabo la magna empresa evangelizadora con los pocos miembros del clero regular que habían llegado, pronto llegaron a la Nueva España muchos religiosos seculares o clérigos, religiosos que no pertenecían a ninguna orden, podían administrar los sacramentos y vivían en el "Siglo", en contacto familiar con los fieles. Pero los clérigos no eran dignos de confianza para las autoridades del Virreinato que se ocuparon de disponer la división del territorio conquistado en diócesis, a cargo de un obispo o arzobispo.

El primer obispado de México fue el de Santa María de los Remedios de Yucatán, que posteriormente fue trasladado a Tlaxcala. En 1527 se formó el obispado de México; su primer obispo fue el franciscano fray Juan de Zumárraga, también preclaro defensor de los indios. Poco después se crearon los obispados de Oaxaca, Yucatán, Guadalajara, Durango y Michoacán. Posteriormente, en 1545, México fue elevado a la categoría de Arzobispado, quedando bajo su dependencia todos los obispados. Dentro de la diócesis había frailes y clérigos, y con ello se produjo el primer disgusto cuando los frailes se negaron a aceptar clérigos en sus jurisdicciones diciendo que éstos tenían pésimas costumbres, ponían el mal ejemplo a los catecúmenos, eran gente sin instrucción y voraces con el dinero atendiendo solamente a los que lo tenían. Estas acusaciones hicieron que se produjera un enconado pleito, que se prolongó hasta el siglo XVII; en 1644 ocurrió un grave disgusto entre el obispo de Puebla, don Juan de Palafox y Mendoza, y los jesuitas por la posesión de una hacienda. El virrey trató de mediar, pero Mendoza, disgustado, optó por renunciar a su diócesis y regresar a España. A lo largo de estas contiendas, el clero secular contó con la protección de las autoridades, y los regulares, a su vez, con los indígenas, sus fanáticos guiadores. Para ese entonces ya se había olvidado el verdadero espíritu misionero, evangelizador y civilizador del siglo XVI, y se había convertido en un afán de riqueza y de supremacía en la vida colonial.

Surgieron también graves incidentes entre el poder civil y la Iglesia. Desde un principio, en 1530 la Primera Audiencia se enfrentó al obispo Zumárraga, al grado de que éste excomulgó a los oidores y puso en "entredicho" a la ciudad. En 1622 llegó a la Nueva España el virrey, Marqués de Gálvez, hombre honrado y resuelto a poner en orden las costumbres relajadas de la Colonia, enfrentándose con el arzobispo de México, don Juan Pérez de la Serna, hombre soberbio y ambicioso, dedicado más a negocios y transacciones comerciales que a su cometido religioso. El virrey procedió sin cumplimientos y le comunicó al obispo que debía abstenerse de entrar en asuntos ajenos a su cargo y dar así el mal ejemplo. El obispo se sintió humillado y formó un partido contra el virrey, e inició los ataques valiéndose de muchos pretextos, al grado de poner a la máxima autoridad en la necesidad de salir huyendo rumbo a Veracruz. La ciudad de México estuvo en entredicho, es decir, impedida que sus habitantes pudiesen recibir los servicios sacramentales.

La Expulsión de los Jesuitas

Otro problema grave entre las autoridades civiles y religiosas fue el de los jesuitas. A finales del siglo XVIII la Compañía de Jesús había alcanzado un renombre y un poderío inmensos gracias a la extraordinaria preparación y prestigio de sus miembros.

Los jesuitas llegaron a México el mes de septiembre de 1572, estableciéndose en las poblaciones importantes, donde fundaron colegios para la enseñanza de las clases sociales destacadas, pero pronto la Compañía de Jesús se hizo temer en Europa, por el Papa y los monarcas. El Marqués de Pombal, ministro ilustrado de la Corte Portuguesa, acusó a los jesuitas de estar en contra del gobierno y de haber fraguado un atentado contra el rey, decretando en 1759 la expulsión de la Compañía de todas sus tierras.

El segundo país que expulsó a los jesuitas fue Francia en 1764, declarándolos perniciosos y rebeldes. Carlos III de España desde un principio se mostró poco afecto a la Compañía de Jesús, influido por sus parientes franceses. En 1766 se produjo un alboroto en Madrid, del cual se acusó a los jesuitas. Las autoridades del Río de la Plata, por su lado, se quejaban constantemente de que los jesuitas habían creado un estado totalmente independiente en el Paraguay, en donde nadie podía intervenir ni con órdenes de la Corona. Así el gobierno español, después de una serie de investigaciones, resolvió expulsarlos de sus dominios con fecha 27 de enero de 1767. El virrey de Nueva España, Marqués de Croix, recibió órdenes secretas y las comunicó a todas las autoridades en pliegos cerrados, para darles cumplimiento exacto el día 25 de junio. Todos los regulares jesuitas fueron detenidos y debidamente escoltados, conducidos a Veracruz, en donde se les embarcó para Génova; sus bienes fueron decomisados y se les aplicó a los gastos comunes. Entre los expulsados de México salieron grandes hombres de ciencias y letras, como el políglota e historiador Francisco Javier Clavijero, el poeta Francisco Javier Alegre, el humanista Rafael Landívar y el filósofo cartesiano Benito Díaz de Gamarra.

La expulsión de los jesuitas ocasionó la clausura de veinticinco escuelas de enseñanza superior y el abandono de las misiones del norte del país. En algunas regiones apartadas se produjeron motines en defensa de los jesuitas, más fueron reprimidos por la fuerza pública.

La Inquisición

Esta institución, destinada a perseguir y castigar las discrepancias de criterio religioso, fue establecida en la Nueva España a partir del 4 de noviembre de 1571, bajo la presidencia del obispo don Pedro Moya de Contreras. A pesar de que la Inquisición duró en México doscientos cuarenta años, sólo dio muerte en la hoguera a 37 individuos, martirizó a otros más, y dejó libres a muchos. El odio y la inquina contra España han hecho que a través del tiempo, autores anglosajones y franceses hayan exagerado las intervenciones de la Inquisición que particularmente en la Nueva España no fue en verdad cruel ni mantuvo procedimientos violentos con los indígenas. A finales de la dominación española se dedicó a perseguir y castigar asuntos de orden político.

Cultura Novohispana

Durante la primera mitad del siglo XVI los misioneros se ocuparon ampliamente de la educación de indios y mestizos, aunque después se les dio preferencia a criollos y españoles por juzgar peligroso dar cultura superior a indios quienes dieron muestras de brillante inteligencia e insaciable deseo de aprender.

Los Colegios y la Universidad

La escuela elemental fundada por el padre Gante en Tezcoco, fue trasladada a México en donde recibían instrucción religiosa, primeras letras y artes y oficios, cerca de mil alumnos. Esta escuela, que estaba a espaldas del convento de San Francisco, tuvo carácter de escuela normal, pues de allí salieron aventajados alumnos que se convirtieron en hábiles maestros en sus lugares de origen.

En 1536, el obispo Zumárraga fundó el Imperial Colegio de Santa Cruz de Santiago Tlaltelolco, de educación superior. En este colegio impartieron enseñanza distinguidos maestros como fray Andrés de Olmos, fray Juan de Torquemada y el eminente historiador, investigador, etnólogo y lingüista, fray Bernardino de Sahagún. Se enseñaba Latín, Retórica, Filosofía, Música y Medicina.

En 1540 el obispo de Michoacán, don Vasco de Quiroga, fundó en Pátzcuaro el Colegio de San Nicolás Obispo que luego fue trasladado a Valladolid, en donde se enseñaba Lectura, Escritura, Religión y diversas Artes y Oficios.

En la capital del virreinato, don Antonio de Mendoza fundó el Colegio de San Juan de Letrán, para niños mestizos; se les enseñaban desde las primeras letras hasta cursos superiores en siete años de estancia, con albergue y alimentos.

Frailes agustinos y franciscanos fundaron escuelas para niños criollos en Xochimilco, Tacámbaro, Acolman, Actopan, Puebla, Ixmiquilpan y otros lugares, siendo muy famoso el Colegio de Tiripitío, en Michoacán, en donde se enseñaba Teología, Artes, Filosofía y Medicina. En 1531 desapareció este centro docente porque sus profesores pasaron a ser el pie fundador de la Universidad de México.

Los jesuitas fundaron en México dos grandes colegios para criollos y peninsulares: el de San Pedro y San Pablo y el de San Ildefonso, pero después fundaron los colegios de Tepozotlán, Pátzcuaro, Valladolid, Guadalajara, San Luis Potosí, Guanajuato, Oaxaca, Querétaro y otros más. Enseñaban Filosofía, Literatura grecolatina, Derecho y Medicina. El alumnado era seleccionado por su capacidad intelectual y por su importancia política o económica. Los colegios jesuitas estuvieron regidos por reglamentos muy severos.

A instancias del Padre las Casas, del obispo Zumárraga y del virrey Mendoza, en 1551 se expidió la cédula real, firmada por Carlos V, que fundando la Real y Pontificia Universidad de México, con los mismos privilegios que la de Salamanca, se inauguró hasta el 25 de enero de 1553, ya siendo virrey don Luis de Velasco, padre. En la nueva universidad se estudiaba: Latín, Retórica, Dialéctica, Derecho civil y canónico, Sagradas Escrituras, Teología, Filosofía, Matemáticas, Medicina e Idiomas nativos. En ella se obtenían los títulos de Bachiller, Licenciado y Doctor.

La Imprenta y la Producción Literaria

De las posesiones españolas en América correspondió a México el haber tenido la primera imprenta, gracias a las gestiones de la Segunda Audiencia, del obispo Zumárraga y de don Antonio de Mendoza. Llegó a México en 1539 junto con el maestro impresor, el italiano Juan Pablos. El primer libro impreso fue *La escala espiritual para subir al cielo* de San Juan Clímaco del cual hasta la fecha, no se ha encontrado ni un solo ejemplar. Después se imprimieron cartillas para enseñar a leer, catecismos, vocabularios, libros y manuales religiosos y oraciones en lenguas indígenas.

La literatura novohispana del siglo XVI estuvo representada por obras de notables autores españoles residentes en México, como el humanista Francisco Cervantes de Salazar, los poetas Gutierre de Cetina y Bernardo de Balbuena, y el novelista Mateo Alemán. Hasta el siglo XVII empezaron a figurar los primeros escritores mexicanos, como el brillante comediógrafo Juan Ruiz de Alarcón, el humanista y sabio Carlos de Sigüenza y Gón-

A la terminación de la Conquista los españoles se repartieron las tierras y se les "encomendaron" indígenas para que las trabajaran.

gora y la poetisa Sor Juana Inés de la Cruz.

Ya en el siglo XVIII, por órdenes de Carlos III, se fundaron en México el Jardín Botánico, la Academia de Bellas Artes de San Carlos y el Real Colegio de Minas. En esta época fueron notables los científicos Francisco Javier Gamboa, en Matemáticas; Antonio León y Gama, en Matemáticas, Astronomía y Arqueología; Joaquín Velázquez de León, astrónomo y matemático; y el padre Antonio Alzate, botánico, biólogo, matemático, astrónomo y publicista.

La Arquitectura y la Pintura

Aunque tomando modelos existentes en la Península, la arquitectura en Nueva España tuvo características especiales: el espacio del que se disponía; la necesidad de evangelizar a numerosos grupos indígenas; la mano de obra indígena que en las artes plásticas plasmaba sus gustos de acuerdo con su concepto, muy propio, de la belleza; la necesidad de hacer iglesias-conventos-fortalezas y usar materiales propios del país: santos y figuras religiosas con amasijo de barro o de pasta formada con maíz y goma que han resistido el paso de los siglos. Esta arquitectura se puede clasificar en los siguientes estilos: franciscano primitivo, plateresco, herreriano, barroco, churrigueresco, talaveresco y neoclásico. Del primer estilo masas rudas, sólidas y con aspecto de fortaleza son: la iglesia de San Francisco de Tlaxcala, el convento de Yuriria y el de Huejotzingo. Del plateresco que parece obra fina, trabajada en plata, hay ejemplos como la casa de Montejo, en Mérida y San Agustín Acolman, entre otros. El herreriano, un estilo frío y sin adornos pero majestuoso, cuyo ejemplo principal es el sombrío palacio de San Lorenzo de El Escorial, tiene como copias en México las fachadas de las catedrales de Puebla y de Oaxaca. El barroco, estilo afrancesado del siglo XVII, con mucha decoración en los elementos de trazo, está representado en la ciudad de México en la iglesia de la Profesa y en el claustro de La Merced.

El churrigueresco fue un estilo creado por el arquitecto español don José de Churriguera, en 1665. Se caracteriza por lo sobrecargado de adornos, hasta la exageración, por múltiples labrados, esculturas, festones, pinturas en dorado, dando una impresión de fantasía, como la encontramos en el interior de las iglesias de San Agustín, Salamanca, la de Tepozotlán y las fachadas del Sagrario de la catedral de la ciudad de México y de la de Zacatecas. El talaveresco es el edificio revestido de azulejo, tales como la preciosa iglesia de San Francisco, en Puebla y la casa del Alfeñique, también en la misma ciudad.

El neoclásico consistió en el empleo de los elementos de la arquitectura grecolatina: columnas y frontispicios partenoicos, de líneas puras y elegantes por su sencillez. El maestro en este estilo fue el mexicano Francisco Eduardo Tres Guerras quien construyó varias obras en su tierra natal, Celaya, Guanajuato: iglesias, cascos de haciendas, puentes urbanos y de camino real, depósitos de agua, etc. Su obra más característica fue la iglesia del Carmen, en su ciudad.

Aunada a la arquitectura novohispana estuvieron la escultura y la pintura. Si bien hubo muy buenos artistas como Luis Juárez, Sebastián de Arteaga, Echave, Herrera, Cabrera y otros íntimamente ligados al servicio de la iglesia pues su obra representa básicamente temas religiosos podríamos asegurar que en México estas artes no llegaron al Renacimento, aunque no faltaron mecenas.

Como se ha dicho, los criollos eran los "letrados" de la Nueva España por su fuerza y mayor educación que los españoles residentes en el país quienes en él adquirían algunas buenas maneras. Pero letrados y todo, no eran ilustrados en el sentido exacto de la palabra. La instrucción que recibían no los capacitaba para meditar sobre las verdades científicas que ya entonces enseñaban las escuelas de Europa, la Universidad y los colegios de México no eran comparables a aquéllas. Sólo los jesuitas demostraron cierto espíritu superior al dominante en la enseñanza de la colonia. El pensamiento vivía encadenado. Los inquisidores no se ocupaban en perseguir judíos, sino en cazar a los poseedores de "libros prohibidos", y ¿qué libro de interés no estaba prohibido entonces? Sin embargo, por cada obra recogida circulaban cien furtivamente. Los que más leían eran los integrantes del bajo clero, los curas de aldea. Pero si el atraso era notable en el conocimiento de las ciencias exactas, en las ciencias políticas era mayor porque el gobierno despótico, aunque ilustrado, no temía tanto a los matemáticos y astrónomos como a los hombres versados en los principios del Derecho público.

Los libros prohibidos postulaban que la soberanía nacional radicaba en la voluntad del pueblo, de los derechos inalienables, de la negación de los derechos divinos de los reyes para gobernar a los pueblos, y comentaban dos hechos que debían influir en los espíritus: la Independencia de los Estados Unidos y la Revolución Francesa.

La Revolución de Independencia

Antecedentes

La Nueva España al comenzar el siglo XIX, contaba con la siguiente población:

Españoles europeos	76 000
Españoles criollos	1 130 000
Indios	2 420 000
Mestizos y castas	2 420 000
Total	6 046 000

El país era aparentemente próspero, tranquilo y feliz. La riqueza pública y privada había aumentado; la minería era floreciente; el comercio, muy activo; la agricultura y la industria, aunque muy mal organizadas, rendían buenos productos. En todas las principales ciudades se habían construido suntuosos edificios públicos o particulares, y la capital del virreinato se consideraba como la más hermosa e importante de las ciudades americanas, según la opinión del ilustre viajero prusiano, el barón Alejandro von Humboldt.

El rey Carlos III murió el 14 de diciembre de 1788, dejando el cetro al Príncipe de Asturias, su hijo, que con el título de Carlos IV subió al trono el día 27 del mismo mes y año. Estaba casado con la reina María Luisa, princesa de Parma: mujer torpe, ruin e inmoral que hizo su favorito a un simple guardia de corps, llamado Manuel Godoy, hombre avieso pero inteligente, quien llegó pronto a ser Presidente del Consejo de Ministros, cargo del que se aprovechó para nombrar virrey de Nueva España a don Miguel de la Grua y Talamanca, Marqués de Branciforte —su cuñado— quien recibió el gobierno el día 12 de julio de 1794, en lugar del brillante virrey, Conde de Revillagigedo.

Branciforte fue de los peores virreyes, por su rapacidad e ineptitud. Durante su gobierno se levantaron muchas tropas de milicias, concentradas en Perote y destinadas a impedir un desembarco de franceses; además se esculpió la estatua ecuestre de Carlos IV, hecha por el artista valenciano, Manuel Tolsá. Debido a su evidente incompetencia, Branciforte fue removido y en su lugar quedó el nuevo virrey, don Miguel José de Azanza. Durante su gobierno se descubrió una conjuración encabezada por el recaudador Pedro de la Portilla que tenía por objeto arrojar a todos los españoles, proclamar la independencia del país y declararle la guerra a España. La conspiración era insignificante y ridícula, pero revelaba el estado de intranquilidad de los criollos de la Nueva España. Azanza fue removido y regresó a España en donde después se hizo del partido de los afrancesados, colaborador de Napoleón, quien lo hizo Duque de Santa Fe.

El 30 de abril de 1800 recibió el virreinato don Félix Berenguer de Marquina, hombre honrado y de buenas intenciones, pero de muy poca capacidad intelectual. Durante su gobierno se produjeron dos rebeliones de indígenas: una en Tepic, encabezada por un cacique llamado Mariano quien fue denunciado, aprehendido y llevado preso a Guadalajara. La segunda y más seria rebelión fue la del panadero maya Jacinto Kanek, en un principio triunfante, pero derrotado y después hecho prisionero en Cisteil, Yucatán y conducido a Mérida; fue muerto con los más crueles tormentos. Estas dos sublevaciones revelaron el estado de odio contra los amos y patrones blancos, los tributos y el mal trato a los indígenas.

Despechado porque no se aprobaron ciertas medidas propuestas por él, Marquina renunció al cargo entregándole el virreinato a don José de Iturrigaray, nombrado por Godoy, el 4 de enero de 1803. Tenía Iturrigaray todos los defectos y cualidades de su favorecedor, pues como él, era inteligente, activo y reformador; pero también como él, una codicia que con nada se saciaba.

En la Nueva España reinaba ya un ambiente de inconformidad para con la metrópoli, particularmente patentizada por los criollos quienes estaban enterados de la independencia de los Estados Unidos, que en el Congreso de Filadelfia proclamaron los Derechos del Hombre. Por otra parte, las ideas de los pensadores de la Ilustración europea, como Locke, Montesquieu, Voltaire, Rosseau, Diderot, D'Alambert y otros, prosperaron en México entre la intelectualidad, los mismos criollos, cuya situación era difícil pues los tenían alejados de los puestos públicos importantes. Sólo el Ayuntamiento de México, por ser de segunda categoría, estaba formado por criollos.

La vida colonial continuaba su monótono ritmo. Llegó la noticia de la alianza de España con Francia y la declaración de guerra a los ingleses; del desastre naval de Trafalgar, en que el almirante Nelson derrotó por completo a la flota francoespañola, temiéndose en Nueva España la posibilidad de un desembarco de los marinos enemigos en las costas de Veracruz, por lo que Iturrigaray ordenó que se concentraran 14 000 hombres de buenas tropas en el cantón de Jalapa. Por esos días llegó a Veracruz un barco-correo trayendo graves noticias de España. Las cosas se habían desenvuelto de tal manera que el príncipe heredero, Fernando, que odiaba a Godoy tanto como el pueblo español, formó una especie de partido para desconocer a Carlos IV como rey, expulsar a Godoy y reinar él.

Por su lado el emperador Napoleón quiso aprovecharse del estado de cosas para establecer su dominio también sobre España y Portugal. Hizo que Godoy firmara en Fontainebleau, en octubre de 1807, un tratado por el cual España y Francia se aliaban militarmente para ocupar a Portugal y castigarlo porque no había respetado el bloqueo continental decretado por Napoleón en contra de Inglaterra. Con ese pretexto, numerosas tropas francesas entraron en España y ocuparon las plazas fuertes y las principales ciudades.

De acuerdo con Napoleón, el Príncipe de la Paz, título dado a Godoy, quiso tener las manos libres y aconsejó a los reyes que marcharan a establecer la monarquía a Nueva España. Cuando el pueblo español supo estas maquinaciones, se amotinó el 19 de marzo en Aranjuez, asaltó la casa de Godoy y éste difícilmente pudo escapar de ser muerto. Carlos IV, espantado por los sucesos, abdicó en favor de su hijo, quien ascendió al trono con el título de Fernando VII. Las tropas francesas entretanto ocuparon Madrid bajo las órdenes del mariscal Murat, quien incitó a Carlos a desconocer su abdicación alegando que le había sido arrancada por la fuerza.

Fernando VII marchó a la ciudad de Bayona al encuentro de Napoleón para suplicarle que lo reconociera como rey de España. Napoleón entonces, mostró todo su juego, pues hizo que Fernando devolviera el trono a su padre quien a su vez fue conminado a abdicar en favor de Napoleón y éste designó a su hermano José como rey de España e Indias.

Mientras esto ocurría, había quedado en Madrid el infante don Francisco de Paula a quien los franceses quisieron llevárselo para que se uniera a su familia en Bayona. El pueblo de Madrid se sublevó y quiso impedir la salida del infante, por lo que Murat ordenó a sus tropas sofocar la rebelión. El día 2 de mayo se libraron terribles combates callejeros entre el pueblo y los soldados franceses. Fue la iniciación del levantamiento de toda España contra los invasores. España, privada de todo gobierno, creó Juntas para que dirigieran la guerra, siendo la más importante la Central de Sevilla.

En México se recibieron las noticias el día 8 de junio; el virrey sabía que pronto iba a ser sustituido, pues estaba ligado a Godoy. Los dos grupos existentes en la colonia, el criollo y el español, no reconocían a José Bonaparte, pero poseían ideas antagónicas. Los criollos pensaban en aprovecharse de las circunstancias para obtener la independencia, mientras que los españoles querían que se obedeciera a la Junta Central de Sevilla.

El Ayuntamiento de la ciudad de México, encabezado por el licenciado Primo de Verdad, e integrado por fray Melchor de Talamantes y por don Francisco Azcárate, presentaron al virrey una propuesta en la cual se decía que se declararan nulas las abdicaciones de Bayona y que mientras los reyes estuvieran en poder de Napoleón, el virrey continuara al frente del gobierno, sin recibir órdenes de España hasta que quedara libre y restituido en el trono el joven rey don Fernando VII. La Audiencia, formada por españoles, rechazó de inmediato la petición del Ayuntamiento. En otra junta, éste, representado por el licenciado Verdad, expresó que en virtud de estar España sin monarca, la autoridad recaía en el pueblo, quien debería conservar estos dominios para cuando Fernando VII recuperara la libertad. La Audiencia declaró herética la exposición del licenciado Verdad. Hubo otras juntas y el virrey fingió renunciar a su cargo, pero el Ayuntamiento le pidió que continuase en él, exponiendo el alcalde de Corte, don Jacobo Villaurrutia, criollo, que se convocara una diputación para que fuera consejera del virrey y se buscara la alianza con Inglaterra y con los Estados Unidos. El virrey citó para otra junta, pero ya no se celebró pues la Audiencia y el partido español, formado principalmente por comerciantes ricos, resolvió ocurrir a los hechos. Encabezaba la conspiración para aprehender al virrey, a quien se consideraba adicto a los criollos por así convenir a sus intereses y ambiciones, y a los principales miembros del Ayuntamiento, el rico propietario don Gabriel de Yermo, secundado por todos los comerciantes y los oidores. Armaron a todos los dependientes y criados de las tiendas de El Parián, centro comercial que estaba frente a Palacio. A las doce de la noche del 15 de septiembre de 1808, los conjurados, en número de unos quinientos, asaltaron la guardia, mataron al centinela y detuvieron a los virreyes y a sus hijos. Iturrigaray fue llevado a la cárcel de la Inquisición; y su familia, al convento de San Bernardo.

El comercio y la minería tuvieron gran importancia en el desarrollo económico de la Nueva España.

Esa misma noche la Audiencia, Yermo y otros conjurados nombraron virrey a un anciano militar, del todo inútil y torpe, llamado don Pedro Garibay, quien firmó la orden para aprehender a Azcárate, a Verdad, a Talamantes, a Beristáin, al licenciado Cristo y al padre Cisneros. Los autores del motín de los "Parianeros" se organizaron militarmente con el título de "Batallón de Voluntarios de Fernando VII". Talamantes fue remitido a la prisión de San Juan de Ulúa, en Veracruz, en donde murió. El licenciado Verdad, preso en el Arzobispado, tuvo un fin misterioso, no se sabe la causa de su muerte. Azcárate estuvo preso hasta 1811, y a los demás prisioneros, junto con el virrey y su familia, se les remitió bajo partida a España, quedando libres mucho tiempo después.

El gobierno del virrey Garibay reconoció a la Junta de Aranjuez, a la que se le remitieron once millones de pesos para el sostenimiento de la guerra. Pero como muchos españoles y criollos se quejaron de Garibay, que era manejado por los "Parianeros" y por la Audiencia, la Junta Central de Aranjuez dispuso que fuera reconocido como virrey de Nueva España el arzobispo de México, don Francisco Javier Lizana y Beaumont, hombre bondadoso de excelente conducta, pero anciano y débil de carácter, incapaz para gobernar, quien se ocupó de reunir fondos para remitirlos a España, al mismo tiempo que dispuso levantar más tropas y poner en estado de defensa a la colonia contra una posible invasión de franceses.

El 21 de diciembre de 1809 se descubrió una conspiración en Valladolid, hoy Morelia, encabezada por el Teniente del Regimiento de Infantería de la Corona, don José Mariano Michelena. Aprehendidos los conjurados, fueron remitidos a México, y en la entrevista que tuvieron con el virrey le hicieron saber que sus pláticas se referían a mantenerse unidos para defender el reino y conservarlo para Fernando VII, por lo cual Lizana no encontró bases para la acusación y ordenó ponerlos en libertad. Este hecho acabó de disgustar al partido español, el cual negoció ante la Junta Central, que se encontraba entonces en la isla de León, en Cádiz, que el virrey Lizana fuera removido de su cargo, viniendo en su lugar el general don Francisco Javier Venegas, quien había hecho una deslucida campaña contra los franceses.

A esas alturas dominaba en toda la Nueva España una gran agitación: la guerra con Francia exaltaba el patriotismo de los españoles, y a los criollos a valorar su patria. Aumentaban en tertulias y discusiones los temas sobre la soberanía nacional y los derechos de los pueblos; los abusos y torpezas de los gobiernos; los errores de los generales españoles y las grandes colectas de dinero que se hacían en la colonia para mandarlas a la metrópoli. Esto, principalmente, exasperaba a los criollos.

Las Juntas de Querétaro y la Muerte de los Primeros Caudillos

La idea de lograr la independencia no se separaba de los hijos del país. Lo tramado en Valladolid tuvo muchas ramificaciones. Don Manuel Iturriaga, canónigo de esa ciudad, se puso muy grave de la enfermedad que lo llevó a la tumba; al confesarse hizo la revelación de una conjura de la que formaba parte y que inmediatamente fue descubierta. Cuando comenzó la acción de las autoridades, las denuncias se multiplicaron. Domínguez, el corregidor de Querétaro, era de los conjurados, sin embargo tuvo que abrir investigación contra ellos para poder luego ayudarlos. La señora doña Josefa Ortiz, esposa de Domínguez, criolla apasionada por la causa independentista, envió un mensajero a los conspiradores que vivían en los pueblos cercanos.

El capitán Ignacio Allende, originario de San Miguel el Grande, al volver a la Intendencia de Guanajuato después de retiradas las tropas del acantonamiento en Jalapa, fue el promotor de la independencia. Buscó adeptos y en poco tiempo logró contar con un grupo de varios de sus amigos que se reunían frecuentemente en la casa de Domingo Allende, hermano del capitán. Después, estas reuniones de San Miguel tuvieron una sucursal en Querétaro con el título de Academia Literaria en casa del corregidor Domínguez.

En las juntas de San Miguel se aprobó un plan emancipador que contenía los siguientes puntos: nombrar comisionados para propagar las ideas y formar otras juntas; mantenerse en contacto con la junta principal, la de Querétaro; como los españoles serían el primer obstáculo, se les aprehendería respetando a sus personas y propiedades; en caso de que el gobierno virreinal opusiese resistencia, Allende, como generalísimo, dirigiría la campaña; alcanzado el triunfo se buscaría una forma de gobierno y se dejaría a los españoles en libertad para quedarse en el país con sus familias, o salir de él dejando aquí sus propiedades con las cuales se cubrirían los gastos de la guerra; en caso de un desastre, los independentistas buscarían la ayuda de los Estados Unidos. Se ofreció la dirección política del movimiento a don Miguel Hidalgo —cura del pueblo de Dolores de la propia Intendencia de Guanajuato— por su prestigio de sabio, progresista y ser muy querido por el populacho y amigo de las autoridades de esos lugares. En un principio Hidalgo no aceptó, pero a instancias de Allende y de la Junta, y ante la evidencia del compromiso de mucha gente formal, se decidió a encabezar la rebelión, que se iniciaría en la feria de Lagos, el 2 de octubre, aprovechando la gran afluencia de rancheros mestizos y criollos que concurrían a ella. Sin embargo, además de Iturriaga, el capitán Joaquín Arias, el secretario Mariano Galván y el comandante Ignacio Garrido, del Regimiento del Príncipe, denunciaron el plan a las autoridades respectivas.

Como ya hemos citado, doña Josefa Ortiz de Domínguez mandó al alcalde Ignacio Pérez para que avisara a todos los comprometidos. Eran las primeras horas del domingo 16 de septiembre de 1810. Pérez galopó hasta San Miguel en donde sólo encontró al capitán don Ignacio Aldama quien salió junto con él y marcharon a Dolores; ahí estaban Hidalgo y Allende discutiendo el asunto pues ya habían sido avisados. Hidalgo, hombre decidido, llamó a su hermano Mariano para que armara un grupo de su gente; marcharon a la cárcel y pusieron en libertad a los presos; luego fueron al cuartel, en donde se les unió un escuadrón del regimiento de Dragones, que estaba como guarnición en ese lugar. Se aprehendieron a los españoles que allí vivían, se les recogió el dinero y se les puso en prisión. Era muy temprano, pero Hidalgo hizo llamar a misa. En el atrio de la parroquia habló a los muchos fieles que se congregaron, diciéndoles de la conveniencia de la independencia para liberarse de la opresión del gobierno y de los españoles. El pueblo lo siguió gritando contra el mal gobierno y los gachupines, mientras que corrían a sus casas a tomar el hacha, el machete, la hoz, la lanza, la pala o la honda, para formar el primer contingente insurrecto.

Como a las once de la mañana de aquel mismo día, al frente de unos seiscientos hombres salieron Hidalgo y sus amigos en dirección a San Miguel. Al pasar por el pueblo de Atotonilco, el padre Hidalgo tomó un estandarte religioso con la imagen de la Virgen de Guadalupe, como bandera; fue ésta una hábil medida porque las masas campesinas, formadas por indígenas, se sintieron identificados con la causa y a partir de ese momento el grito de guerra de los sublevados fue "¡Viva Nuestra Señora de Guadalupe! ¡Viva Fernando VII! ¡Mueran los gachupines!" Al caer la tarde llegaron los insurrectos, en número de unos cinco mil, a San Miguel, en donde fueron puestos en prisión los españoles allí residentes, incautándoles sus caudales y saqueando sus casas y comercios. El grueso del regimiento de Dragones de la Reina, del que Allende era capitán, se unió a la insurrección.

El día 18 salió Hidalgo con los suyos de San Miguel, al parecer rumbo a Querétaro, pero al llegar a un poblado llamado Chamacuero, cambiaron de camino y llegaron a Celaya, ciudad que ocuparon sin resistencia el día 21 de septiembre. Hidalgo, sorprendido del éxito arrollador alcanzado, resolvió organizar el mando de aquel contingente tan numeroso, de unos cincuenta mil hombres, fungiendo él mismo como Capitán General; Allende, Aldama y Abasolo, Tenientes Generales, así como otros muchos brigadieres, coroneles, etc.

De Celaya la chusma insurgente marchó hacia Guanajuato. Desde la Hacienda de Burras, Hidalgo intimó rendición al intendente José Antonio Riaño, quien había sido su amigo, pero lejos de aceptarla se hizo fuerte en la Alhóndiga de Granaditas, formidable edificio destinado a guardar semillas para las épocas de carestía. Ahí mismo se refugiaron los españoles con sus familias y caudales; era el 28 de septiembre. Los insurgentes empezaron el ataque disparando desde las alturas vecinas, uno de los primeros muertos fue el intendente Riaño, suceso que sembró la confusión entre los defensores que combatían desesperadamente causándoles muchas bajas, de suerte que no podían aproximarse a la Alhóndiga, hasta que un joven barretero llamado Juan José Martínez, apodado el "Pípila", con una gran losa sujeta a la espalda, logró prender fuego a una de las puertas. Los atacantes se apoderaron de la Alhóndiga pasando a cuchillo a los que allí se encontraban y apoderándose de sus caudales. La chusma se dispersó por la rica ciudad minera cometiendo desmanes y saqueos hasta que Allende logró restablecer el orden. Hidalgo publicó un bando por el que se amenazaba con pena de muerte a los ladrones y merodeadores. Luego nombró Intendente de la provincia a don José Francisco Gómez; restableció el Ayuntamiento; incorporó a la insurgencia al batallón del Príncipe; hizo fundir cañones y acuñar moneda con parte de la plata en pasta que había recogido.

Cuando apenas había tomado posesión del virreinato, el general Venegas supo de la rebelión de Dolores y del giro que tomaban los acontecimientos. El fue quien llamó "Insurgentes" a los sublevados de Hidalgo. Ordenó al brigadier Félix María Calleja, que estaba en San Luis Potosí, reunir su brigada y levantar otras tropas para combatir a las chusmas de Hidalgo antes de que cobraran mayor fuerza; al coronel Manuel de Flón, conde de la Cadena, con otra brigada, situarse en Querétaro y luego unirse a Calleja. Por su parte, el alto clero excomulgó a Hidalgo y a quienes lo siguieran, Hidalgo contestó con un manifiesto en el que decía a los americanos no escucharan las voces de los enemigos de la patria, y se le unieran para luchar por la independencia. El pueblo escuchó a Hidalgo con confianza y abrazó la causa sin temor.

El 10 de octubre los insurgentes salieron de Guanajuato para Valladolid que se aprestaba a defenderse, pero los encargados de dicha empresa cayeron prisioneros en Acámbaro, por lo cual las autoridades realistas de la ciudad huyeron, e Hidalgo entró con sus huestes sin encontrar resistencia, tomando cuatrocientos mil pesos de la Catedral, publicando después un decreto, el 19 de octubre, que abolía la esclavitud en la Provincia y suspendía el pago de tributos. Allí se le unieron el Regimiento de Infantería de Valladolid y el de Dragones de Pátzcuaro.

Entonces se discutió la conveniencia de marchar a México, aunque Allende estuvo en contra de esa idea. El ejército insurgente salió de Valladolid y llegó a la Hacienda de Charo, en donde se presentó con Hidalgo el cura de Carácuaro, José María Morelos, pidiendo ser aceptado como capellán; pero Hidalgo le entregó un papel por el que se le comisionaba para insurreccionar el sur y tomar el puerto de Acapulco. Se despidieron los caudillos en Indaparapeo y jamás se volverían a ver. En Acámbaro se calculó que el llamado Ejército Insurgente era de 80 000 hombres. Hidalgo fue nombrado Generalísimo y Allende, Capitán General. Se siguió la marcha por Maravatío, Tepetongo y la Jordana, para avanzar a Toluca, en donde rechazaron a unos tres mil hombres mandados por el teniente coronel, Torcuato Trujillo. Este y sus soldados se hicieron fuertes en el lugar llamado Monte de las Cruces en donde, a pesar de su valerosa y prolongada resistencia, fueron derrotados y obligados a huir, salvándose el teniente coronel Trujillo, el teniente Agustín de Iturbide y algunos soldados.

Inexplicablemente, el padre Hidalgo ordenó la retirada teniendo ya a México, que no tenía guarnición ni fuerzas de ninguna especie, al alcance de la mano. Nunca se ha sabido, a ciencia cierta, cuál fue la razón por la que los insurgentes se retiraron, perdiendo así el fruto de una costosa victoria. Allende estaba muy disgustado. De los 80 000 hombres que seguían a Hidalgo, 40 000 habían regresado a sus casas decepcionados.

Hasta el 2 de noviembre estuvieron acampados los insurgentes en el Monte de las Cruces y de ahí emprendieron la retirada hacia Querétaro, pero en el camino se encontraron inesperadamente a las tropas de Calleja, quienes venían en auxilio de México. Se trabó un insignificante combate en San Jerónimo Aculco y los independentistas se desbandaron. Allende, con algunas tropas regulares y rancheros, marchó a Guanajuato, mientras que Hidalgo, con la mayor parte de la gente, lo hizo hacia Valladolid.

Allende intentó resistir en Guanajuato el ataque de Calleja pero a última hora se retiró hacia Aguascalientes, mientras que la chusma asesinaba a ciento treinta y ocho españoles que habían quedado presos; esto hizo que cuando Calleja ocupó la ciudad, llevara a cabo una serie de fusilamientos y venganzas terribles.

La revolución se había propagado por diferentes regiones del país: en Sonora, Sinaloa, San Luis Potosí y principalmente en la Nueva Galicia, donde José Antonio Torres, llamado el "Amo Torres", después de una serie de éxitos militares, ocupó el 11 de noviembre la ciudad de Guadalajara, mientras que el cura José María Mercado, enviado por Torres, se apoderaba de Tepic y del puerto de San Blas. Torres invitó a Hidalgo y a Allende para que se unieran con él en Guadalajara. Aceptaron los caudillos y cuando llegaron a esa ciudad, fueron recibidos con alegría y grandes honores.

Hidalgo organizó de inmediato un gobierno independiente, nombrando Ministro de Gracia y Justicia al licenciado José María Chico; y de Estado y Despacho, al licenciado Ignacio López Rayón. Hidalgo dictó tres decretos y una proclama con carácter de leyes. El primer decreto, con fecha 29 de noviembre, disponía la libertad de los esclavos en todo el país; la abolición del pago del tributo; la suspensión de las alcabalas y del uso del papel sellado; la libertad para cultivar vid y producir vino; la libertad para cultivar y vender tabaco, y la supresión de los estancos de colores y de pólvora. El segundo decreto disponía la devolución de tierras y aguas a las comunidades indígenas, prohibiéndoles su venta o arrendamiento. El tercer decreto ratificaba y apresuraba el cumplimiento de los decretos anteriores y la proclama para invitar a los militares criollos a pasar al servicio de la insurgencia.

Guadalajara, que había vivido días de tranquilidad y orden cuando quedó en manos del "Amo Torres", a la llegada de Hidalgo sufrió violencias, saqueos y asesinatos. Más de cien españoles fueron degollados por un torero de apellido Luna, amigo de Hidalgo, en la barranca de Oblatos. En esos días se presentó con Hidalgo el cura de Mascota, don Francisco Severo Maldonado, a quien se encargó la publicación del primer periódico in-

Los virreyes representaban en la Nueva España el poder de la Corona, teniendo gran cantidad de atribuciones a su cargo.

surgente: "El Despertador Americano", de vida efímera, cuya finalidad era difundir las ideas libertarias.

También en Guadalajara el cura Hidalgo nombró plenipotenciario y embajador ante el Congreso de los Estados Unidos a don Pascasio Ortiz de Letona, quien fue detenido en Molango (hoy Estado de Hidalgo), por las autoridades virreinales y remitido a la ciudad de México. Preso, se suicidó en la Villa de Guadalupe en enero de 1811.

El mando insurgente recibió informes acerca de que los realistas de Calleja, procedentes de Guanajuato, habían llegado a Lagos y se dirigían a Guadalajara, lo mismo que la brigada que mandaba el general José de la Cruz, la cual había recuperado Valladolid. En una apresurada junta de guerra para decidir un plan de operaciones, Hidalgo hizo prevalecer su opinión en contra de las de Allende, Aldama y Abasolo ordenando salir al encuentro del enemigo, esperarlo y librar la batalla en un lugar llamado el Puente de Calderón. A pesar de la inicial y seria resistencia de los insurgentes, la acción terminó en un desastre: una granada realista hizo estallar un carro con pólvora y municiones que estaba a retaguardia de la línea insurgente. La explosión produjo un terrible pánico y la fuga precipitada no se hizo esperar, a pesar de los esfuerzos de Allende. En la persecución, el coronel de Flón, Conde de la Cadena, fue muerto de un balazo y su cadáver completamente masacrado. Los caudillos insurgentes escaparon hacia Aguascalientes, mientras que Calleja entraba triunfante en Guadalajara.

En la Hacienda de Pabellón, Allende, Aldama y otros jefes, muy disgustados con Hidalgo, a quien responsabilizaban de los errores del Monte de las Cruces, Aculco y el Puente de Calderón, le quitaron el mando militar y se lo otorgaron a Allende, dejando sólo a Hidalgo la dirección política.

Por otra parte, se resolvió ir a los Estados Unidos para comprar elementos de guerra. Sin problemas llegaron a Zacatecas con una escolta de 1 500 hombres a las órdenes de don Rafael de Iriarte, antiguo ayudante del general Calleja, que se les unió en Aguascalientes. De Zacatecas marcharon a Saltillo, en donde don Ignacio López Rayón recibió el mando de las tropas insurgentes que allí quedaron para continuar la guerra, mientras que los demás caudillos seguían al norte.

En Saltillo se les incorporó el ingeniero de minas don Mariano Jiménez quien se había alistado con Hidalgo desde Guanajuato, y había luchado con denuedo en el Monte de las Cruces y había sido encargado de marchar a las Provincias Internas de Oriente para levantarlas en armas. Con gran audacia y valor insurreccionó Coahuila, Texas, Nuevo León y Tamaulipas, y salió con los jefes en su peregrinación al norte.

Al llegar a un lugar llamado las Norias de Baján, los caudillos fueron aprehendidos por la milicia realista a las órdenes del teniente coronel Ignacio Elizondo a quien se ha acusado de traidor, aunque se ha demostrado últimamente que no había tenido el menor trato con los insurgentes. Iriarte, encargado de escoltar a los caudillos, escapó con sus soldados a Saltillo en donde fue aprehendido, juzgado y pasado por las armas, acusado de traición por don Ignacio López Rayón.

Los prisioneros insurgentes fueron conducidos de Baján a Monclova; ahí los responsables de crímenes, inmediatamente fueron fusilados; los mozos y servidumbre, repartidos como esclavos; los religiosos fueron enviados a Durango en donde, después de algún tiempo, se les hizo fusilar. Los principales caudillos Hidalgo, Allende, Aldama, Jiménez, Abasolo y otros, fueron remitidos a Chihuahua. Se les instruyó proceso, y sentenciados a muerte, primero fueron ejecutados Allende, Jiménez y Aldama. Hidalgo fue fusilado el día 30 de julio. Abasolo salvó la vida y fue remitido preso a España, en donde murió años después. Los cadáveres de los cuatro principales caudillos fueron decapitados y las cabezas, hervidas en aceite, remitidas a Guanajuato en donde, colocadas en jaulas de hierro, quedaron en las cuatro esquinas de la Alhóndiga de Granaditas.

El Señor Cura Don José María Morelos

Mientras sucedían los acontecimientos anteriores, el cura don José María Morelos, nacido en Valladolid en 1765 y comisionado por el padre Hidalgo para insurreccionar el sur y capturar Acapulco, había salido de su curato en Carácuaro —en la tierra caliente de la Intendencia de Michoacán— con veinticinco hombres bien armados; pasó el río Balsas, y en Coahuayutla se le unió don Rafael Valdovinos con algunos hombres. Siguió a Técpan en donde se le incorporaron don Pablo y don Hermenegildo Galeana, ricos y prestigiados hacendados que llevaron con ellos a muchos de sus trabajadores bien armados y conocedores del terreno.

Morelos resolvió apoderarse de la fortaleza de San Diego en Acapulco para lo cual, con 3 000 hombres que tenía a sus órdenes, acampó en el cerro de El Veladero y bloqueó la plaza, rechazando los ataques de los "Realistas Fieles" del comandante Paris, a los que se les quitó armas, municiones, bastimentos y algún equipo. De los realistas se pasó a sus fuerzas un capitán filipino llamado Manuel Tabares.

Algunos costeños conocían a un sargento de artillería de la guarnición de San Diego, de nombre José Gago, quien mediante un dinero, se comprometió a dejar entrar a los insurgentes a la fortaleza. La contraseña era una farola de marina encendida. Cuando vieron en la noche la señal convenida, don Hermenegildo Galeana con un destacamento avanzó hacia el reducto, pero pronto se abatió el portalón y los realistas hicieron fuego de metralla con su artillería rechazando a Galeana y a sus hombres.

Morelos dejó a Valdovinos con muchos hombres en los atrincheramientos de El Veladero para seguir el bloqueo a Acapulco, mientras él se replegó hasta Chilpancingo con el fin de emprender otras operaciones. En Chilpancingo se unieron a Morelos los hermanos Bravo: don Miguel, don Víctor, don Máximo y don Leonardo, así como un hijo de éste, don Nicolás, criollos y ricos propietarios de la región.

Los Bravo y los Galeana derrotaron al comandante realista Miguel Garrote en Chichihualco y después lo volvieron a derrotar en Tixtla en donde se les incorporó el joven mulato don Vicente Guerrero, quien después iba a hacerse famoso. En estas operaciones el sargento Gago cayó prisionero y Morelos lo hizo fusilar.

Con la captura posterior de la ciudad de Chilapa, Morelos quedó dueño de todo el sur, menos de Acapulco. A esta vasta región correspondió ser la primera provincia insurgente; Morelos la llamó de "Nuestra Señora de Guadalupe". Como un angloamericano de apellido Mayo y el capitán Tabares quisieron encender la guerra de castas entre negros e indios, Morelos los hizo ejecutar.

Establecido en Chilapa, Morelos arregló las rentas públicas, reguló los gastos, organizó a sus tropas, limitó el otorgamiento de grados militares, compuso el armamento y estuvo listo para llevar a cabo una segunda campaña. Capturó Tlapa y Chiautla, en donde derrotó al jefe realista Mateo Musitu. En Izúcar se le unió el cura de Jantetelco, don Mariano Matamoros, quien llegó a ser su brazo derecho.

Morelos y sus tropas realizaron una enconada campaña en el sur, al grado de poner en peligro al gobierno virreinal, cuyas fuerzas principales, al mando del general Calleja, estaban en marcha para atacar Zitácuaro, defendida por López Rayón, quien de Saltillo hábilmente se había retirado a Zacatecas, acompañado del Amo Torres y con algunas tropas más o menos organizadas, se apoderó de esa plaza, recogió alguna plata, armas y provisiones para luego marchar a Zitácuaro y de ahí reorganizar el movimiento insurgente.

Las fuerzas de Morelos estaban en los valles de Toluca, Puebla y México. Rayón no resistió el ataque realista y Calleja capturó e incendió Zitácuaro. El virrey Venegas ordenó a Calleja que con la división del Centro a su mando, reforzada con dos regimientos de infantería españoles, marchara contra Morelos, quien contaba sólo con 4 000 hombres de buenas tropas y acostumbrados al clima caliente. El jefe insurgente resolvió hacerse fuerte en Cuautla a la cual fortificó, artilló y aprovisionó suficientemente. La plaza está cerca de la ciudad de México, dentro de la tierra caliente, de manera que un sitio prolongado resultaba difícil de soportar por los soldados realistas, pues se avecinaba el tiempo de lluvias y les produciría graves incomodidades y dolencias a aquellos hombres de la altiplanicie y europeos. Calleja creyó fácil la empresa y lanzó cuatro repetidos ataques que fueron rechazados. Entonces tuvo que poner un sitio en regla que duró dos meses y medio. El tiempo de lluvias se atrasó y no le quedaba a Morelos más que la rendición. Se le ofreció el indulto y lo rehusó diciendo: "Concedo igual gracia a Calleja y los suyos."

A los setenta y tres días de sitio, cuando ya era imposible sostener la plaza, Morelos salió de Cuautla con toda su fuerza y un gran número de vecinos, marchando tan sigilosamente que pudieron sorprender a los sitiadores, romper el cerco y emprender una brillante retirada que acreditó a los jefes insurgentes como militares muy capaces. Las tropas de Morelos tuvieron muchas bajas, pero la burla a Calleja acrecentó enormemente su moral.

Morelos se dirigió a Izúcar y luego a Chiautla en donde supo que don Leonardo Bravo había sido hecho prisionero y remitido a la ciudad de México para ser juzgado. De allí también mandó a don Valerio Trujano para ponerse al frente de la insurrección de la Mixteca, pero éste fue sorprendido por las tropas realistas mandadas por el comandante Régules que lo obligó a hacerse fuerte en Huajuapan, pero tuvo posibilidad de mandarle un correo a Morelos explicándole su desesperada situación. De Chilapa, Morelos se dirigió rápidamente en auxilio de Trujano, logrando sorprender al enemigo por la retaguardia, derrotándolo completamente y liberando a la guarnición sitiada. Para aprovecharse de la posibilidad de capturar Oaxaca, Morelos concentró sus tropas en Tehuacán dejando un escalón muy móvil en Izúcar a las órdenes del cura Matamoros, con el objeto de cubrir el sureste. Tehuacán era paso obligado del camino hacia Veracruz; el joven comandante Nicolás Bravo derrotó e hizo prisioneros a cuatrocientos realistas en San Agustín del Palmar que escoltaban un convoy de comercio en camino a México.

En la ciudad de México había sido sentenciado a muerte don Leonardo Bravo, pero las autoridades expresaron que se le perdonaría siempre y cuando sus hermanos e hijo se rindieran y se les daría el indulto. Morelos autorizó a don Nicolás a aceptar la proposición del virrey pero éste, desconfiado y pundonoroso, no la aceptó, por lo que don Leonardo fue ejecutado. Cuando supo Morelos este triste suceso, ordenó a don Nicolás pasara por las armas a los prisioneros del Palmar. Bravo, juzgando que las cosas no tenían remedio y que los prisioneros en cuestión eran inocentes, no sólo les perdonó la vida, sino les concedió la libertad.

Sorpresivamente Morelos avanzó sobre Orizaba, centro tabacalero muy importante, y lo capturó destruyendo grandes cantidades de hoja, propiedad del gobierno, ocasionando con ello una seria pérdida en su economía. De nuevo marchó a Tehuacán y de ahí "a acuartelarse en Oaxaca", como lo prescribía su célebre consigna. La capital de la Antequera cayó en poder de los insurgentes el 25 de noviembre de 1812. Allí se presentó con Morelos el joven abogado Carlos María Bustamante, quien fue comisionado para publicar el segundo periódico insurgente: "El Correo del Sur". Morelos rehizo rápidamente sus tropas para de inmediato, marchar sobre Acapulco y tomarlo por sorpresa, tras de apoderarse de La Roqueta, lanzó un fulminante ataque sobre el castillo de San Diego que tuvo que rendirse. De esta forma Morelos daba cabal cumplimiento a la orden que había recibido del padre Hidalgo.

Cuando estuvo en Zitácuaro, López Rayón trató de formalizar el aspecto político de la revolución de Independencia integrando una Suprema Junta Nacional Americana, conocida como la Junta de Zitácuaro, que pretendía gobernar en nombre de Fernando VII. Esta Junta, presidida por Rayón, invitó a Morelos a integrarse, pero el caudillo contestó que aceptaba con la condición básica de luchar por una verdadera independencia, haciendo a un lado el nombre de Fernando VII y estableciéndose un gobierno que no fuera "tiránico, como el monárquico". En una carta dirigida a Rayón, Morelos pedía que la Junta de Zitácuaro se transformara en un Congreso con representantes de todas las provincias, para redactar una Constitución que sirviera de base al nuevo gobierno del país.

Bajo la protección de don José María Morelos, el 13 de septiembre de 1813 se instaló en la ciudad de Chilpancingo el Primer Congreso de la América Mexicana, con representantes de todas las provincias favorables a la independencia. Morelos se presentó en el Congreso para dar lectura a un valioso documento redactado por él, denominado *Sentimientos de la nación,* que encerraba su ideario político. Los puntos principales eran: que América es libre e independiente; que se reconocía como única la religión católica; que la soberanía dimana del pueblo y que éste la deposita en sus gobernantes; que los empleos públicos debían ser ejercidos únicamente por americanos; que se formularan leyes para moderar la opulencia y evitar la indigencia; aumentar los salarios del pobre para evitar que cayera en la ignorancia, en la rapiña y en los vicios; que se proscribiera para siempre la esclavitud; que se prohibieran las gabelas y los tributos y que se solemnizara cada año el 16 de septiembre en honor de los héroes.

El Congreso aprobó todos los puntos propuestos por

Morelos, lo nombró Generalísimo y le quiso otorgar el título de Alteza Serenísima, pero Morelos lo rechazó y aceptó sólo el de Siervo de la Nación. La primera medida del Congreso de Chilpancingo fue redactar el Acta de Independencia de México en la cual se rompía para siempre todo nexo con el trono español.

Como los realistas se mostraban muy activos, el Congreso tuvo que marchar a establecerse en la ciudad de Apatzingán en donde el 22 de octubre de 1814 dio a conocer la primera Constitución política de México; en ella se asentaba la independencia, la igualdad de los individuos ante la ley, la prohibición de la riqueza para evitar la pobreza, la reintegración de tierras y aguas a las comunidades indígenas; además, que el Gobierno debía estar representado por tres poderes: el ejecutivo, el legislativo y el judicial. El ejecutivo debía ser ejercido por un triunvirato renovable cada seis meses; el poder legislativo lo ejercería una Cámara de Diputados, electos proporcionalmente según el número de habitantes, y el poder judicial estaría en manos de un Supremo Tribunal encargado de aplicar las leyes.

En Apatzingán, Morelos planeó llevar a cabo una cuarta campaña para apoderarse de las regiones de la altiplanicie: Valladolid, Guadalajara, Guanajuato y San Luis Potosí. Avanzó sobre Valladolid, pero la guarnición realista de esa plaza, mandada por el general don Agustín de Iturbide, los derrotó en la loma de Santa María, haciéndolos retroceder desordenadamente. En una segunda intención de los insurgentes volvieron a ser derrotados y don Mariano Matamoros, queriendo restablecer la situación, se hizo fuerte en la Hacienda de Puruarán, donde fue hecho prisionero. Conducido a Valladolid, fue juzgado sumariamente y fusilado el 3 de febrero de 1814.

En 1539, por iniciativa del virrey de Mendoza,
se fundó en la ciudad de México la primera
imprenta que existió en el Continente Americano.

Algunos jefes insurgentes se mostraron disgustados por estos fracasos y obtuvieron que Morelos fuera despojado del mando político y únicamente quedara con el militar.

Mientras tanto, el virreinato había pasado a manos del general Calleja, quien mandó al brigadier Armijo para hacerse cargo de las operaciones contra Morelos en el sur. Este nuevo jefe reclutó muchos costeños para formar sus tropas, entre ellos, antiguos soldados de Morelos que conocían bien la habilidad de su antiguo jefe. Armijo recuperó fácilmente las plazas de Tixtla, Chilapa y Chilpancingo. En las operaciones contra Acapulco los realistas alcanzaron a don Hermenegildo Galeana quien al tratar de escapar a caballo, se golpeó contra las ramas de un árbol y cayó al suelo. Los soldados que lo perseguían lo mataron a lanzazos el día 27 de junio de 1814. Cuando supo esta noticia, Morelos exclamó: "Se acabaron mis dos brazos; ya no soy nada"; se refería también a la muerte de don Mariano Matamoros.

Fiel a sus principios, Morelos se convirtió en escolta personal del Congreso, que andaba errante, en su marcha hacia Tehuacán. El 29 de septiembre de 1815, llegando a Texmalaca, un pueblo pequeño del actual Estado de Guerrero, los realistas de Armijo sorprendieron al Congreso insurgente y a Morelos quien pudiendo huir, se sacrificó para que los miembros del gobierno pudieran salvarse. Morelos no había sido descubierto entre los prisioneros, pero uno de sus antiguos soldados, llamado Matías Carranco, lo identificó; lo sujetaron con cuerdas y lo mandaron a la ciudad de México. Estuvo preso en Tlalpan y de ahí pasó a la corte de la Inquisición en donde fue despojado de sus órdenes sacerdotales para luego ser remitido a un tribunal militar que lo sentenció a muerte. Fue fusilado el 22 de septiembre de 1815 en

San Cristóbal Ecatepec. Así terminó la vida de este polifacético patricio: brillante jefe militar y notable legislador.

Don Francisco Javier Mina

Con la muerte de Morelos se produjo una gran decadencia del movimiento insurgente, la cual aumentó al ser relevado en el gobierno del virreinato el general Félix María Calleja por el oficial de Marina, don Juan Ruiz de Apodaca, quien tomó posesión el 19 de septiembre de 1816. Calleja había sido acusado por sus propios coterráneos de grandes violencias y de seguir una línea de conducta sanguinaria. Esta contrastó con la de Apodaca, hombre bondadoso y honrado, que ofreció el indulto a todos los insurgentes que dejaran las armas. Muchos jefes insurrectos desanimados y sabedores de que Apodaca había ordenado que por ningún motivo se fusilara a los prisioneros insurgentes, resolvieron acogerse al perdón, con el deseo de regresar a sus hogares y a sus antiguas actividades. Había caído prisionero don Nicolás Bravo, don Ramón y don Ignacio López Rayón, quienes fueron bien tratados y luego puestos en libertad. Sólo mantenían la bandera de la insurrección don Vicente Guerrero y don Guadalupe Victoria. La Junta de Gobierno, que suplió al Congreso de Chilpancingo, luego llamado de Anáhuac, se había refugiado en el fuerte de Jaujilla, en Michoacán, y después fue disuelta por don Manuel Mier y Terán. Sus miembros se rindieron en 1818.

De los guerrilleros que permanecían sobre las armas son dignos de mención don Pedro Moreno y el padre don José Antonio Torres, homónimo del "Amo", fusilado en Zacoalco, Jalisco, en mayo de 1812. Don Pedro Moreno tenía su centro de operaciones en un cerro llamado Fuerte del Sombrero —situado en la serranía de Comanja cerca de León, Guanajuato mientras que el padre Torres, quien se hacía nombrar jefe de la Junta de Gobierno, estaba en el Fuerte de Los Remedios, localizado en las montañas del occidente de Guanajuato.

El padre José Servando Teresa de Mier, originario de Monterrey, Nuevo León, fue desterrado de México a raíz de un sermón pronunciado en la Basílica de Guadalupe. Este inquieto, brillante y muy inteligente fraile dominico era de ideas liberales; se fugó en varias ocasiones de los conventos en que estuvo recluido en España. Anduvo vagando en Europa, hasta que en Londres conoció a don Francisco Javier Mina, antiguo estudiante de jurisprudencia y luego famoso jefe de guerrilla en la lucha contra los franceses; cayó prisionero y fue enviado a París a una prisión militar. Ahí estuvo hasta 1814 en que fue liberado, pero de regreso a España se mostró enemigo implacable del despotismo ejercido por Fernando VII, por lo cual tuvo que escapar a Inglaterra. Aquí, en tertulias con otros liberales españoles, trató al padre Mier quien lo convenció de marchar a México, con el fin de luchar por la independencia y contra la tiranía de Fernando VII. Con el sólido prestigio de Mina pronto se reunió un grupo de voluntarios extranjeros, entre ellos venía un joven teniente belga llamado Adrián Woll; en mayo de 1816 se embarcaron en Londres para llegar a Nueva Orleáns, en donde se les agregaron algunos aventureros norteamericanos. Mina recibió ofrecimiento de dinero para ayudar a la independencia de México a cambio de que una vez lograda ésta, vendiera a los Estados Unidos el territorio de Texas. Mina contestó que venía a hacer la guerra contra la tiranía de Fernando VII y no contra los intereses de España. Los expedicionarios y aventureros desembarcaron finalmente en la desembocadura del río Soto la Marina en donde Mina se enteró de la situación prevaleciente en la Nueva España. Mandó construir un fuerte y dejó una pequeña guarnición en él; con el resto de su gente se internó en el país para ponerse en contacto con las fuerzas insurgentes. Derrotó a los realistas en Peotillos, Valle del Maíz, y se apoderó del mineral de Pinos; finalmente llegó hasta el Fuerte del Sombrero y se presentó con Pedro Moreno. Entre tanto, el comandante realista Joaquín de Arredondo, salió de Monterrey con tropas, asedió el Fuerte de Soto la Marina, hizo prisioneros a sus ocupantes, a quienes mandó fusilar, faltando a la palabra dada que les perdonaría la vida, y remitió preso a México al padre Mier. El virrey Apodaca, que tenía casi pacificado al país, mandó contra Mina cuatro mil realistas a las órdenes del brigadier Ordóñez quienes sitiaron el Fuerte del Sombrero, antes de poder recibir la ayuda del padre Torres. Mina resolvió hacer una salida para llevar a cabo una intensa campaña que obligara a los realistas a retirar tropas del asedio, pero no recibió ayuda del padre Torres, quien lo dejó solo. Los sitiados hicieron una salida desesperada en la cual casi todos cayeron prisioneros y fueron fusilados. Para la campaña contra el activo Mina el mando de los realistas fue confiado al general Pascual Liñán, quien marchó a ponerle sitio al padre Torres en Los Remedios. Mina continuaba las operaciones en el exterior, acompañado por Pedro Moreno y por Tomás y Encarnación Ortiz. Tomó San Luis de la Paz y de ahí marchó a Dolores y a Guanajuato. A pesar de su recomendación, los Ortiz incendiaron la mina de Valenciana; el humo levantado por el incendio señaló a la caballería realista, a las órdenes del coronel Orrantía y estacionada en Irapuato, el lugar en donde se encontraba Mina, saliendo aquéllos en su persecución. Un destacamento realista sorprendió a Moreno y a Mina en el rancho de El Venadito donde fue muerto Moreno, quien trató de defenderse a sablazos. Mina, profundamente dormido por la fatiga de muchos días de intensa actividad, fue hecho prisionero y conducido a Silao allí fue brutalmente maltratado por Liñán; finalmente se le fusiló a la vista del Fuerte de Los Remedios, el 11 de noviembre de 1817. Así murió este heroico Quijote de la libertad y de los Derechos Humanos.

Consumación de la Independencia

Iturbide y Guerrero

Aunque sin tomar la ofensiva, un distinguido lugarteniente de Morelos, Vicente Guerrero, controlaba completamente el sur ayudado por otro jefe de guerrilla llamado Pedro Asencio Alquisiras, quien fortificó el cerro de La Goleta. Los realistas de Armijo habían fracasado en la campaña contra Guerrero; el gobierno virreinal comisionó al padre del caudillo para que lo convenciera a indultarse, pero Guerrero le respondió que aunque su voz para él era sagrada, los intereses de la Patria eran primero, y continuó en campaña.

Para entonces, la situación en España había cambiado. Desde 1812 los representantes de las distintas provincias españolas, ocupadas muchas de ellas por las tropas francesas, integraron en la ciudad de Cádiz un grupo representativo, llamado Cortes, para gobernar al país durante la ausencia de Fernando VII. Las Cortes españolas formularon una Constitución Liberal que lesionaba el absolutismo de la monarquía y los intereses del clero y de la nobleza; por ello cuando Fernando VII regresó a España en 1814, lo primero que hizo fue suprimir la Constitución de 1812 y las Cortes, pues resolvió gobernar sin más ley que su voluntad, desencadenándose, consecuentemente, una furiosa persecución: asesinatos, prisiones o destierros para todos aquellos que se opusieran a la real voluntad. Uno de los que se sublevó contra esa brutal tiranía fue Francisco Javier Mina, como se ha citado antes. Pero después de la Revolución Francesa, los pueblos ya no iban a soportar arbitrariedades; así, en España, el 1º de enero de 1820, el coronel Rafael de Riego, comandante de las tropas que iban a ser enviadas a América, se sublevó proclamando el restablecimiento de la Constitución de 1812. El levantamiento fue secundado en casi toda España y Fernando VII fue obligado nuevamente a jurar la Constitución y a reinstalar las Cortes de Cádiz.

Cuando llegaron las anteriores noticias a Nueva España, el clero y los ricos propietarios hicieron presión para que el virrey Apodaca no aceptase el estado de cosas. Sin embargo, Apodaca, inclusive amenazado por los comerciantes españoles de Veracruz, que eran muy liberales, tuvo que jurar la Constitución en todas sus partes, alarmando así al alto clero pues se sintió gravemente afectado en sus intereses. Criollos y mestizos, liberales españoles y antiguos insurgentes recibieron con mucho gusto la puesta en vigor de la Constitución, la cual recibía, al parecer, el apoyo del propio virrey. La aristocracia y el clero superior no quisieron perder tiempo; ante la cercanía de la Semana Santa de 1820, organizaron unos

"Ejercicios Espirituales", a puerta cerrada en la iglesia de La Profesa, los cuales en realidad eran una conjuración para obtener la independencia de la España liberal hacer a un lado la Constitución de Cádiz y ofrecer la Corona de Nueva España, en forma absoluta, al amado rey Fernando VII. Quien encabezaba lo que se llamó el "Plan de La Profesa" era el canónigo Matías de Monteagudo, quien se había distinguido por su actitud recalcitrante desde la época del Motín de los Parianeros. Sin embargo, los conjurados necesitaban gente de mucha influencia, un jefe militar de prestigio y con mando de tropas para asegurar el éxito de la empresa; propusieron al general Agustín de Iturbide, quien estaba a disposición del virreinato, pues aunque había sido muy buen jefe, valiente y audaz, había sido acusado por el comercio de la Intendencia de Guanajuato de cometer verdaderos actos de vandalismo. Hicieron ver al virrey Apodaca la necesidad de acabar con el último foco de resistencia insurgente, encabezado por Vicente Guerrero en las serranías del sur; propusieron y obtuvieron que fuera nombrado jefe de esas operaciones el general Iturbide, en sustitución del general Armijo.

Iturbide logró que le dieran tropas de su entera confianza y avanzó hacia Teloloapan. No es cierto, como se ha afirmado, que Guerrero haya infringido serios reveses a las tropas de Iturbide, la capacidad de Guerrero no era tal, ni Iturbide se iba a doblegar ante simplezas de choques desafortunados de vanguardias. En realidad, el ambicioso Iturbide ya llevaba un plan bien madurado, de manera que el 10 de enero de 1821 le remitió una carta a Guerrero proponiéndole una entrevista para tratar sobre la independencia de México. Guerrero, hombre sencillo y bien intencionado, aceptó el trato y los dos jefes se encontraron en el pueblo de Acatempan, en donde hablaron sobre el "Plan de Iguala", llamado así porque en ese lugar lo formuló Iturbide; contenía los siguientes puntos: Independencia de México, en forma absoluta; establecimiento de un Imperio constitucional que sería ofrecido al rey Fernando VII, pero en el caso de que no aceptara, el cetro imperial pasaría a un miembro de la familia Borbón; los cargos públicos serían desempeñados por mexicanos, es decir, gente nacida en el país; la religión oficial sería la católica y se adoptaría como símbolo de la nacionalidad un estandarte con tres colores: el verde, significaba la independencia; el blanco, la religión, y el rojo, la unión. Estos enunciados formaron lo que se llamó "Las Tres Garantías", espíritu del "Plan de Iguala". Pero aunque el Plan de Iguala aceptaba la monarquía como gobierno, éste estaba basado en un régimen constitucional, completamente contrario a lo establecido en las Juntas de La Profesa que pedían un gobierno absolutista.

Cuando Apodaca supo lo tratado entre Guerrero e Iturbide, puso a éste fuera de la ley y se dispuso a combatirlo, pero no había tropas para hacerlo porque casi todos los jefes de prestigio, o eran amigos de Iturbide o eran francos simpatizadores del Plan de Iguala. Los españoles acomodados y el clero acusaron a Apodaca de falta de energía y lo desconocieron como virrey nombrando interinamente en su lugar al brigadier Pedro Novella.

El general Guerrero quedó como comandante de las tropas trigarantes en el sur, mientras que Iturbide marchó a Valladolid; ahí se le unieron muchos de sus antiguos subordinados, que aceptaron los convenios de Iguala: los antiguos realistas Vicente Filisola, Luis Cor-

En el pueblo de Dolores, Guanajuato, el cura
Miguel Hidalgo proclamó la Independencia
de México el 15 de septiembre de 1810.

tázar, Anastasio Bustamante y otros que ejercían los mandos en la Meseta Central, así como don José Joaquín de Herrera y don Antonio López de Santa Anna en Veracruz; don Pedro Celestino Negrete, en Guadalajara y los antiguos insurgentes don Ramón López Rayón, don Nicolás Bravo, don Guadalupe Victoria y otros más, en diferentes partes del país. Chiapas y Guatemala también declararon su adhesión al Plan de Iguala. Así, el poder virreinal sólo controlaba el puerto de Veracruz, Acapulco y la ciudad de México.

Por esos días llegó a Veracruz el general Juan O'Donojú, nombrado por las Cortes constitucionales de España como "Gobernador general de la Nueva España", con carácter un poco alejado del cargo de virrey. O'Donojú era un liberal avanzado que había tomado parte activa en la revolución de Riego, España, para restablecer el régimen constitucionalista. Recibió de Iturbide una invitación para entrevistarse en la ciudad de Córdoba, invitación que el nuevo gobernante aceptó. En los tratados que se llevaron a cabo en Córdoba se establecieron los siguientes puntos: que la Nueva España sería independiente, con el nombre de Imperio Mexicano, gobernándose por una monarquía constitucional. El trono se le reservaría a Fernando VII, pero si éste no aceptaba, se le ofrecería a uno de sus hermanos; mas si ninguno de los infantes aceptara, quedaría el país en libertad para nombrar soberano. Este último punto fue propuesto por Iturbide, que ya veía con más claridad la posibilidad de llenar sus ambiciones.

Con la entrada del Ejército Trigarante en la ciudad de México, el 27 de septiembre de 1821, se dio por consumada la independencia de México, agregándose al flamante Imperio Mexicano todos los territorios centroamericanos. La Junta de Gobierno de México, para proteger dichos territorios, mandó una fuerte división de tropas, mandadas por el general Vicente Filisola, con órdenes de encargarse del gobierno de aquellas provincias en lo civil y en lo militar y tratarlas con benignidad.

El Imperio de Iturbide y la Primera República

De acuerdo con los Tratados de Córdoba y mientras se nombraban comisiones para ir a ofrecer el trono a los miembros de la familia reinante en España, se formó una Junta de Gobierno constituida por "notables", profesionistas mediocres a quienes Iturbide, presidente de la Junta, consideró fácil de manipular, además ningún miembro de la junta había sido insurgente. Esa misma Junta nombró una Regencia, presidida por Iturbide y de la que formaba parte O'Donojú y otras cuatro personas, quienes iban a gobernar en nombre del monarca y a lanzar una convocatoria para integrar una Cámara de Diputados. Esta fue designada, pues no había otra manera, y estuvo constituida por terratenientes, comerciantes acomodados, miembros del clero, facultativos y miembros del ejército. El 24 de febrero de 1822 se instaló el Congreso y surgieron problemas políticos por diferencias de opiniones muy profundas; en su seno se formaron tres partidos: los iturbidistas, antiguos militares realistas; los borbonistas, que pedían para el trono a un miembro de la casa reinante en España, y el Republicano, que agrupaba a los antiguos insurgentes y a los criollos intelectuales. Los más numerosos eran los iturbidistas. Cuando llegaron de España las noticias sobre el desconocimiento que habían hecho las Cortes de los Tratados de Córdoba y no renunciaban al dominio español en México, los iturbidistas encontraron el camino libre para imponer a su jefe como emperador, y actuaron rápidamente. El día 18 de mayo de 1822, en la noche, el sargento mayor Pío Marcha y el coronel Epitacio Sánchez echaron a la calle la tropa de su regimiento gritando: "¡Viva Agustín I". La plebe de la ciudad de México, se unión a los soldados formándose en unas cuantas horas una gran multitud. La campanas de los templos fueron echadas a vuelo. Iturbide salió al balcón y pidió al pueblo se dirigiese al Congreso para saber su decisión; apresuradamente el Congreso fue reunido; los diputados sorprendidos y sin recurrir a ningún expediente apropiado firmaron el decreto por el cual se declaraba a Iturbide Emperador de México, con el nombre de Agustín I. Los días que siguieron fueron de fiestas populares, con la ciudad engalanada. El Congreso se ocupó de otorgar títulos nobiliarios a los familiares del Emperador y a venderlos a ricos comerciantes y propietarios. Agustín I fue coronado en la Catedral de México el 21 de febrero de 1822.

La situación del país era desastrosa. Una guarnición española, dueña de la fortaleza de San Juan de Ulúa, impedía el comercio ultramarino. El campo no se rehacía de la prolongada guerra de independencia y la producción agrícola y ganadera era escasa. La minería estaba abandonada. Las provincias centroamericanas, igual que Yucatán y Jalisco, pretendían erigirse en Estados independientes. Por todos lados privaba la anarquía y la miseria. El tesoro público prácticamente no existía y el Gobierno Imperial imponía préstamos forzosos y gravosas contribuciones. Iturbide bien pronto dio muestras de incapacidad para gobernar, tomándose atribuciones de verdadero dictador, lo cual produjo graves críticas en el

Congreso; consecuentemente, éste fue disuelto, y a los diputados que se mostraron enemigos del absolutismo practicado en realidad por Iturbide, se les arrojó a las prisiones, o tuvieron que huir. El Emperador desconoció a la Junta de Notables para no escuchar sus intervenciones; en su lugar creó una Junta Instituyente, formada por sus adictos, con el fin de formular una Constitución que fuera parcial y apoyara las ambiciones de Agustín I.

Llegaron al Emperador noticias de que en Veracruz había cierta inquietud, propiciada por el antiguo oficial realista, general Antonio López de Santa Anna, y con el pretexto de ver la posibilidad de arrojar a los españoles de Ulúa, fue Agustín I al puerto, encontrándose en Jalapa con el propio Santa Anna, a quien increpó duramente. Tan pronto como el Emperador se puso en camino a México, Santa Anna reunió en un fuerte de Veracruz, llamado la Casa Mata, a todos los oficiales de sus tropas y les comunicó un plan político por el cual se desconocía al Emperador, se declaraba abolida la monarquía como sistema de gobierno y en su lugar se establecía el régimen republicano. Este "Pronunciamiento" fue secundado en muchas partes del país, principalmente por antiguos jefes insurgentes.

Iturbide mandó un buen núcleo de tropas a combatir la rebelión, a las órdenes de los generales Echávarri, Cortázar y Lobato, pero llegando a Veracruz éstos se unieron a la rebelión y aceptaron el Plan de la Casa Mata. Ante la imposibilidad de sostenerse en un trono tan artificiosamente levantado, Iturbide reunió al Congreso que antes había disuelto, para abdicar ante él. La Cámara declaró que no debía abdicar porque nunca había sido nombrado legalmente. Se le asignó una buena renta anual y con su familia marchó al destierro, estableciéndose en Liorna, Italia.

El mismo Congreso eligió un gobierno transitorio formado por un triunvirato, con los generales Pedro Celestino Negrete, Guadalupe Victoria y Nicolás Bravo, quienes se encargarían del Poder Ejecutivo, mientras se establecía la República y se integraba un nuevo Congreso Constituyente. Este se instaló el 7 de noviembre de 1823; pero inmediatamente quedó dividido en dos grandes partidos: los Republicanos Centralistas, encabezados por Fray Servando Teresa de Mier; y los Republicanos Federalistas, por don Miguel Ramos Arizpe.

Desde un principio los Federalistas tuvieron mayoría, porque los diversos territorios del país tenían intereses diferentes y querían gozar de determinada autonomía. Encauzados así los trabajos del Congreso se votó una Acta Constitutiva Provisional, mientras se formulaba la Primera Constitución Federal de la República Mexicana, que fue promulgada el 4 de octubre de 1824, establecía el gobierno republicano federal, y el país quedaba dividido en diez y nueve Estados libres y soberanos en su régimen interior, y cuatro territorios dependientes del gobierno federal. Este quedaba dividido en tres Poderes: el Ejecutivo, ejercido por un presidente y un vicepresidente, cuyo ejercicio duraría cuatro años; el Legislativo se depositaba en dos Cámaras, la de Diputados y la de Senadores, renovables cada dos años; y el Judicial, en la Suprema Corte de Justicia. Se reconocía como oficial la religión católica y se conservaban los fueros del clero y del ejército.

Inmediatamente después se hizo la elección del Poder Ejecutivo, recayendo la presidencia en el general Guadalupe Victoria y la vicepresidencia en el general Nicolás Bravo, quienes tomaron posesión de sus cargos el 18 de octubre de 1824.

En el año de 1826 y durante el gobierno del general Victoria, Inglaterra se apresuró a reconocer la independencia de México para lograr la penetración de su gran comercio, sobre todo el textil. El gobierno de los Estados Unidos desde octubre de 1822, reconoció la independencia mexicana, enviando sin carácter oficial a Mr. Joel R. Poinsett, quien fue presentado a Iturbide para proponerle que México vendiese a la Unión Americana la mitad de su territorio, negociación en la que, desde luego, fracasó. En julio de 1825 Poinsett regresó al país y se presentó con el general Victoria para entregarle credenciales que lo acreditaban como Ministro de los Estados Unidos, encargado de celebrar un "Tratado de amistad y comercio" entre los dos países. Victoria comisionó a don Lucas Alamán para tratar el asunto, quien descubrió las verdaderas intenciones de Poinsett, negándose a que México tratase ningún acuerdo con él. Poinsett, desde ese momento, valiéndose de los políticos liberales avanzados y de muchos antiguos insurgentes, fundó la Logia Masónica Yorkina, tenía su sede en la ciudad de Nueva York, para intervenir directamente en los asuntos del gobierno: elecciones, leyes, proyectos, discusiones en la Cámara de Diputados, distribución de empleos, mandos militares, etc.

Había otra logia masónica, la Escocesa, fundada desde 1806 por algunos liberales españoles residentes en México. Esta logia tenía su sede en la ciudad de Edimburgo, Escocia. Agrupaba a gentes de ideas liberales, pero moderados. Pronto yorkinos y escoceses se enfrentaron debido a tendencias políticas diferentes. Los yorkinos tenían como representante principal al inteligente político yucateco, don Lorenzo de Zavala, liberal exaltado, que andando el tiempo llevó su liberalismo hasta la traición a la Patria. Zavala, por consejo de Poinsett, convenció al general Vicente Guerrero para que fuera el presidente de la logia; los escoceses tenían de jefe al general Nicolás Bravo. Los escoceses eran partidarios de una política de acercamiento a Europa, mientras que los yorkinos querían imitar en todo a los Estados Unidos y facilitar su influencia en México.

Como la situación económica del país era desastrosa, el gobierno mexicano negoció un préstamo en Londres de treinta y dos millones de pesos, a un rédito leonino. De ese dinero se perdieron dos y medio millones porque el Banco de depósito se declaró en quiebra; un millón se prestó, sin rédito, a la República de Colombia, y el resto se empleó en pagar a las tropas, a los empleados y para comprar dos viejos barcos de guerra, que con trabajos llegaron a Veracruz.

En Centroamérica surgieron rivalidades de tendencia divisionista, encabezadas por los gobernadores de aquellas provincias, deseosas de ser independientes. El general Filisola, comandante de las tropas mexicanas, considerando que con sus soldados no debía exigir por la fuerza la unión, convocó a un Congreso que el día 1º de julio de 1823, votó por la independencia, menos Chiapas que decidió seguir incorporada a México. Filisola respetó la decisión y salió con sus tropas de aquellas provincias.

Durante el gobierno del general Victoria llegó al Congreso una carta firmada por Iturbide, en la cual ofrecía sus servicios para defender a la Patria, amenazada por España y la Santa Alianza. Sin esperar respuesta, Iturbide pasó a Londres y de allí embarcó para México, acompañado por su familia y algunos amigos; desembarcó en Soto la Marina, en donde fue identificado y aprehendido por las tropas del general de la Garza, quien lo hizo conducir a la población de Padilla. Juzgado militarmente y de acuerdo con las instrucciones del Congreso local de Tamaulipas, fue fusilado allí mismo, el día 19 de julio de 1824, sin tomar en cuenta los servicios que había prestado a la independencia nacional.

Con los dos barcos viejos que se compraron en Inglaterra, puestos a las órdenes del capitán Pedro Sáenz de Baranda, se logró la rendición de la fortaleza de San Juan de Ulúa, último reducto español en México. La guarnición salió con los honores de guerra y fue conducida a La Habana.

Como el país estaba intranquilo y se movían muchas facciones políticas, algunos españoles residentes en el país consideraron fácil recuperarlo para España, pero descubiertos los conspiradores, fueron aprehendidos los religiosos Joaquín Arenas y Francisco Martínez, así como los generales Echávarri y Negrete. Juzgados por un tribunal competente, fueron sentenciados a muerte los dos religiosos, y los generales —que eran españoles— desterrados. La conspiración del padre Arenas dio lugar a que Poinsett aconsejara al gobierno desterrar a todos los españoles desafectos residentes en el país. Al salir estos españoles, que eran gente de negocios y se llevaban su dinero, el comercio se debilitó e hizo que se agravara la crisis existente.

Disgustados por la preponderancia que había cobrado en la política nacional la logia yorkina, el teniente coronel Manuel Montaño se sublevó en Otumba, México, en diciembre de 1827, pidiendo la supresión de las logias masónicas, la expulsión de Poinsett y el cumplimiento de la Constitución.

El general Nicolás Bravo, vicepresidente de la República, fue enviado a sofocar la rebelión, pero llegado a

Tulancingo, se puso al frente de los sublevados. El gobierno mandó entonces al general Vicente Guerrero quien derrotó a Bravo, lo hizo prisionero y se le desterró a Guayaquil, en Colombia.

El Gobierno del General Vicente Guerrero

Aproximándose el fin del gobierno de Victoria, los yorquinos se dividieron en dos partidos: uno, que postulaba la candidatura del general Vicente Guerrero y el otro, en favor del general Manuel Gómez Pedraza, quien en las elecciones salió triunfante por once votos, contra nueve en favor de Guerrero; sin embargo, el general Antonio López de Santa Anna se pronunció en Jalapa, Veracruz, el 16 de septiembre de 1828, declarando la nulidad de la elección de Pedraza y reconociendo como Presidente de la República al general Guerrero.

Cuando el gobierno trataba de sofocar la rebelión de Santa Anna, don Lorenzo de Zavala, gobernador del Estado de México, logró sublevar algunas tropas y se apoderó del cuartel de La Acordada. El general José María Lobato se puso al frente de los sublevados y exigió al presidente Victoria un cambio de ministros y la expulsión general de españoles. La plebe, valiéndose de esa rebelión, saqueó El Parián, centro principal del comercio de México.

Para evitar derramamiento de sangre y mayores desórdenes, el general Gómez Pedraza renunció a sus derechos a la presidencia, por lo que el Congreso declaró Presidente al general Vicente Guerrero y Vicepresidente, al general Anastasio Bustamante, antiguo jefe realista y enemigo de los insurgentes.

Ya en el poder, Guerrero quiso gobernar democráti-

Vicente Guerrero, héroe de la Independencia,
fue fusilado por el gobierno del general
Anastasio Bustamante el 14 de febrero de 1831.

camente, sosteniendo los principios de la independencia, la federación, una segunda expulsión de españoles y el mejoramiento de la economía nacional. Pero en ese tiempo España intentó recuperar su antigua colonia. El brigadier Isidro Barradas, con tres mil soldados españoles procedentes de La Habana, desembarcó en Tampico el 26 de julio de 1829. Tan pronto como el gobierno de Guerrero recibió la noticia del desembarco de los invasores, llamó a Bravo y a otros jefes desterrados y empezó a levantar tropas para combatir al enemigo que asediado por las tropas de López de Santa Anna y del general Manuel Mier y Terán, tuvo que rendirse el 11 de septiembre, después de algunos combates, regresando a La Habana con los honores de guerra en una capitulación.

La expedición de Barradas y su desenlace tuvieron cierto relieve pues demostró que México estaba en capacidad de defenderse; que España no había tomado en cuenta las declaraciones del presidente de los Estados Unidos Mr. James Monroe, quien desde 1823 declaró en el Congreso de su país que: "Los países americanos, dada su condición libre e independiente, no podían ser susceptibles de futura colonización por ninguna potencia europea", y que los Estados Unidos considerarían "un peligro para su paz y seguridad cualquier intento de parte de alguna de ellas, para extender su dominio en este hemisferio". En tal situación, surgió como una personalidad militar insuperable el general Antonio López de Santa Anna, quien posteriormente tantos males iba a acarrear al país.

El gobierno había dado el mando de una división de tres mil hombres al general Bustamante para que desde Jalapa estuviese en posibilidad de vigilar las villas de

Córdoba y Orizaba, ante el posible desembarco de tropas enemigas en Veracruz. Pero Bustamante, después de la derrota de Barradas, se sublevó y proclamó el Plan de Jalapa por el cual pedía el establecimiento de un gobierno centralista. La rebelión progresó; muchas tropas se levantaron en armas siguiendo a Bustamante, y Guerrero tuvo que pedir autorización al Congreso para marchar a combatir a los sublevados. Dejó como presidente interino a don José Bocanegra, pero tan pronto salió de la capital, las tropas de la guarnición se sublevaron adhiriéndose al Plan de Jalapa. Guerrero, abandonado por sus mismas tropas, se retiró al sur mientras que el Congreso en México lo declaraba "imposibilitado" para gobernar la República y designaba como Presidente al general Anastasio Bustamante. Este nombró un gabiente conservador, cuyo máximo representante era don Lucas Alamán, quien se ocupó en darle impulso a la industria fundando fábricas y escuelas de artes mecánicas. Proyectó la creación del "Banco de Avío", para refaccionar a los industriales y comprar maquinaria, y la formación de catorce compañías para establecer fábricas de hilados y tejidos, trilladoras, molinos, despepitadoras y una fábrica de papel. Pero el estado de anarquía constante en México hizo que la maquinaria comprada en Europa y en los Estados Unidos, se enmoheciera y se perdiera; los técnicos extranjeros contratados por Alamán cobraron sus sueldos y regresaron a sus países de origen; por lo tanto, el Banco de Avío cerró sus puertas ante la indiferencia del gobierno.

Mientras tanto, los yorquinos no se dieron por vencidos. Se levantó en armas el general Juan José Codallos "para sostener la soberanía de los Estados", pero finalmente fue fácilmente derrotado y fusilado junto con otros jefes; don Lorenzo de Zavala y otros políticos enemigos del centralismo y de Bustamante, expulsados del país. Sólo Guerrero seguía levantado en armas en el sur, ante el atentado contra el sistema federal.

Considerando que el general Guerrero representaba un peligro constante, fríamente el gobierno de Bustamante resolvió suprimirlo, sin tomar en cuenta los servicios que le había prestado a la patria; se contrató a un marino genovés, llamado Francisco Picaluga, propietario de un barco y amigo de Guerrero, a quien invitó a comer a bordo. El "Colombo", como se llamaba el barco, se hizo a la mar; Guerrero hecho prisionero a cambio de cincuenta mil pesos, fue entregado en Huatulco, Oaxaca, a un destacamento mandado por el capitán Miguel González, que lo condujo a la capital de la provincia para ser juzgado "sumariamente", siendo fusilado en Cuilapan, el 14 de febrero de 1831.

El fusilamiento del general Guerrero produjo un sentimiento de disgusto en la república y una sublevación en Veracruz, encabezada por el general Santa Anna, sosteniendo la legitimidad electoral de Gómez Pedraza como Presidente de la República. Aunque una división de tropas enviada de Querétaro derrotó al general Esteban Moctezuma en la Hacienda de "El Gallinero", Santa Anna obligó al general Facio a retirarse de Veracruz y avanzó hasta Puebla.

Para evitar más problemas y viéndose prácticamente vencido, Bustamante firmó su renuncia en la Hacienda de Zavaleta, Puebla, reconociendo como Presidente de la República al general Manuel Gómez Pedraza, quien entró triunfante a México el 3 de enero de 1833.

Gómez Pedraza duró sólo tres meses en el poder; votó una nueva ley de expulsión de españoles, todavía como consecuencia de la presión de Poinsett, cometiéndose con ello muchos actos de injusticia y de violencia. Gómez Pedraza convocó a elecciones, resultando electo para Presidente de la República el general Antonio López de Santa Anna y para Vicepresidente el médico jalisciense Valentín Gómez Farías, un verdadero representante de la clase media liberal. Como Santa Anna no llegó a la ciudad de México hasta el 16 de mayo de 1833, el encargado del gobierno fue Gómez Farías.

Santa Anna era una persona carente de convicciones y de ideas políticas, muy voluble en sus actos; dejó que Gómez Farías aplicara las reformas aconsejadas por el ilustre liberal, el doctor José María Luis Mora. Durante los años de 1833 y 1834 Gómez Farías fue enviando al Congreso leyes para destruir las instituciones y privilegios del clero y subordinarlo al Estado, decretó la libertad religiosa, separó la Iglesia del Estado, estableció la enseñanza obligatoria, pugnó por la libertad de prensa, dejó a conciencia personal el pago de los diezmos y primicias al clero y suprimió la coacción civil para el cumprimiento de votos religiosos. Suprimió el fuero militar y dispuso la reducción del efectivo del ejército profesional para sustituirlo con la "Milicia o Guardia Nacional", en la que todo ciudadano tenía obligación de servir.

Pero los dirigentes principales del clero y del ejército, sintiéndose lesionados gravemente en sus intereses, ocurrieron a Santa Anna, quien se hallaba en su hacienda de "Manga de Clavo", en Jalapa, para suplicarle se pusiera al frente del gobierno y así protegerlos. Santa Anna llegó a México el 15 de mayo de 1833 y al día siguiente se hizo cargo del gobierno, suprimiendo de un plumazo todas las disposiciones dictadas por Gómez Farías.

En Valladolid, Michoacán, que por decreto del Congreso local firmado el día 12 de diciembre de 1828 había cambiado su nombre por el de Morelia, en honor de Morelos, se sublevó el coronel Ignacio Escalada, exigiendo "Religión y Fueros", grito que iba a perdurar muchos años en el territorio nacional. Santa Anna salió a combatirlo dejando de nuevo encargado del gobierno a Gómez Farías que estuvo a punto de ser destituido por la guarnición, pero con la Guardia Nacional logró sofocar la asonada. Santa Anna regresó apresuradamente a México. Culpó a los conservadores de promover los desórdenes y rebeliones, desterrando sin mayor averiguación a los generales Nicolás Bravo, Anastasio Bustamante y a otras cincuenta personas más, amenazando con aplicar esa "ley" a todos los que estuvieran en el "mismo caso".

El Régimen Centralista y los Primeros Conflictos Internacionales

En 1835 el general Santa Anna volvió a ocupar la presidencia. Encabezando entonces al Partido Conservador, disolvió las Cámaras, derogó las leyes reformistas, destituyó a los gobernadores, desarmó a las Milicias Cívicas y expulsó a Gómez Farías y a sus partidarios. Los conservadores, que habían sido antes desterrados por el propio Santa Anna, regresaron al país. Algunos Estados protestaron por esas disposiciones, que iban contra la soberanía que otorgaba el Federalismo, pero finalmente se doblegaron, excepto Zacatecas, gobernada por don Francisco García Salinas, quien con 4 000 Guardias Nacionales bien armados, se levantó para defender el sistema federal. Santa Anna encargó el gobierno al general Miguel Barragán y marchó hacia Zacatecas con una fuerte división que alcanzó a García Salinas y a sus milicianos en Guadalupe, infligiéndoles una aparatosa derrota. Zacatecas fue pasada a saco y se le segregó el territorio con el que se formó el Estado de Aguascalientes (mayo de 1835).

Al regresar a México, Santa Anna hizo reunir un "Congreso de personas decentes", que expidió las bases para una nueva Constitución de carácter Centralista, el 23 de octubre de 1835, y que sustituía a la Federal de 1824. Se votaron las Siete Leyes Constitucionales y se creó el Supremo Poder Conservador estableciendo la división de la República en Departamentos, gobernados desde México. Muchos Estados se mostraron inconformes con el Centralismo, porque los privaba de su libertad; además produjo después graves consecuencias, como la independencia de Texas en 1836 y la separación de Yucatán, en 1839.

Como Texas era un territorio desconocido y abandonado, México quiso colonizarlo con extranjeros, a los que sólo se les pedía ser católicos. El virrey Apodaca había dado permiso al angloamericano Moisés Austin para establecer una colonia de trescientas familias en Texas, permiso que pasó a su hijo Esteban, en 1823. Con el Federalismo se creó el Estado de Coahuila, que tenía anexa a la provincia de Texas y que aceptó a toda clase de extranjeros, dándoles tierras y muchas franquicias de tipo agrícola e industrial pues compraban en los Estados Unidos maquinaria para sembrar y beneficiar el algodón, que vendían a los ingleses a muy buen precio.

Mr. Poinsett, embajador de los Estados Unidos en México, ofreció al gobierno hasta cinco millones por Texas, pero no lo logró; fue sustituido por Mr. Buttler, rico propietario de tierras y esclavos, quien volvió a tratar el asunto ante el gobierno del general Guerrero, pero fueron rechazadas sus proposiciones.

En Texas se había formado una población numerosa y activa que se dividió en tres grupos de opinión: el Anexionista, partidario de unirse a los Estados Unidos; el independiente, partidario de separarse de México para formar una nación independiente; y el Mexicano, que pedía continuar unidos a México, como Estado Federal. El gobierno mexicano se portaba mal con los colonos: los altos aranceles hacían imposible que se comprase maquinaria norteamericana y en México no se producía ningún tipo de maquinaria; el territorio texano estaba bajo régimen militar y los comandantes abusaban de su autoridad, al mismo tiempo que los soldados cometían toda clase de robos y excesos. Además, el abandono en que los tenía el gobierno de Coahuila, del cual dependían, era completo y no les aceptaba ninguna representación o queja, ni les tenía escuelas, ni jueces ni los defendía de los indios "alzados".

En 1830, don Lucas Alamán alertó al presidente Bustamante sobre la actitud descontenta de los colonos texanos, por lo cual se tomaron medidas para vigilar el territorio, nombrando comandante de las fuerzas militares mexicanas al general Manuel Mier y Terán, con destacamentos en las aduanas de Galveston, Matagorda y Velasco. Pero como los colonos, a partir de ese momento no pudieron vivir a su capricho, empezaron a buscar la forma de independizarse de México, muy soliviantados por don Lorenzo de Zavala quien, desterrado por el gobierno de Bustamante, había adquirido grandes propiedades en aquel territorio.

Sin embargo, como ya se ha dicho, la causa inmediata de la rebelión o separación de los texanos fue la abolición del régimen federal y el establecimiento del Centralismo. Los colonos se reunieron en San Felipe de Austin para organizarse, en mayo de 1833, y dos años después tuvieron una segunda convención en Nacogdoches, el 7 de noviembre de 1835, declarando tentativamente su independencia en virtud de que Santa Anna había roto el pacto federal. Los texanos no perdieron tiempo; estaban bien armados y habían recibido la ayuda de muchos voluntarios norteamericanos, así es que atacaron a las pequeñas guarniciones de San Antonio y de Velasco, obligándolas a rendirse. Con la facilidad del triunfo obtenido y sintiéndose dueños de todo el territorio, los texanos firmaron formalmente en Nueva Washington el acta de su independencia el 2 de marzo de 1836, constituyendo una república con Samuel Houston como presidente y Lorenzo de Zavala como vicepresidente, y desde luego, comprando armas, equipos, municiones y reclutando voluntarios en los Estados Unidos porque sabían que México los trataría de someter.

En realidad el Presidente Antonio López de Santa Anna encargó el poder al general Miguel Barragán para dirigir las operaciones contra los texanos; pero como Barragán murió, quedó en su lugar don José Justo Corro. Santa Anna salió de San Luis Potosí con una división de seis mil hombres mal armados y carentes de todo, llevando a cabo una marcha de mil setecientos kilómetros por el desierto y en tiempo de frío. Muchos soldados murieron y otros desertaron, mas al fin llegaron a San Antonio. Los texanos habían convertido en una buena fortificación la iglesia del Alamo, que fue tomada a la viva fuerza por los soldados de Santa Anna. Todos los prisioneros, sin excepción, fueron fusilados el 7 de marzo de 1836. Santa Anna, seguro de haber terminado con la rebelión, dividió a sus tropas en tres núcleos, para perseguir a los texanos fugitivos que alistaban nuevas fuerzas con ayuda de los norteamericanos, quienes hacían pasar a sus soldados de línea como "desertores" para sumarse a los rebeldes.

El 20 de abril cayó Nueva Washington en poder de la columna que mandaba Santa Anna y allí supo que Houston se encontraba cerca, por lo que salió a perseguirlo, llegando a la orilla de una pequeña laguna llamada de San Jacinto; ahí se dedicó a descansar, sin tomar las menores providencias que exigía la guerra, por lo que fue sorprendido y hecho prisionero. Los texanos que odiaban a Santa Anna por los fusilamientos del Alamo, llevaron ante Houston a su prisionero, pidiéndole a ese jefe la autorización para ejecutarlo. Houston hizo que se le respetara porque valía más, vivo que muerto; Santa Anna fue llevado a Velasco en donde firmó unos tratados, mediante los cuales aceptaba las pretensiones de los vencedores: ordenar a todas las tropas mexicanas que salieran de Texas; compromiso de no volver a hacer armas contra los texanos y a influir para que México reconociese la independencia de Texas. Todas las tropas mexicanas salieron de Texas sin haber sido derrotadas y dueñas de la situación, por órdenes del **general** Vicente Filisola, quien acataba las disposiciones del jefe prisionero.

El licenciado José Justo Corro, como presidente interino, rechazó los Convenios de Velasco y dispuso alistar nuevas tropas para hacer una segunda campaña en Texas, territorio al que se le consideraba como rebelde, pero no como independiente. Santa Anna fue hasta Washington y habló con el presidente Jackson, para que interviniera y se lograse la paz definitiva entre Texas y México. Jackson ordenó que un barco de guerra de los Estados Unidos trajese a Santa Anna a Veracruz, en

La guerra de 1846 con los Estados Unidos costó a México gran parte de su territorio.

donde tranquilamente se le dejó desembarcar, y del puerto se dirigió a su hacienda de "Manga de Clavo" a vivir y a esperar la ocasión de saltar a la palestra de la vida política del país.

Como había muerto Fernando VII en 1833 y las opiniones habían cambiado en España, el gobierno mexicano y el español entraron en negociaciones por las cuales España reconoció la independencia de México, firmándose un tratado de paz y amistad en Madrid, el 8 de diciembre de 1836. Con este reconocimiento leal y firme, se terminó con la persecución de españoles que tanto daño económico y moral había causado al país, porque además de ser hombres de negocios y de empresa, con mucho dinero que manejaban en el país y que daban trabajo a muchos mexicanos, la gran mayoría de esos españoles estaban casados con mexicanas y sus hijos eran mexicanos, así es que al ser expulsado el padre, la familia tenía que marchar con él abandonando su verdadera patria.

De acuerdo con la Constitución centralista, se hicieron elecciones. Resultó electo presidente el general Anastasio Bustamante, quien tomó posesión de su cargo el día 19 de abril de 1837, debiéndolo desempeñar hasta el día 19 de abril de 1845, es decir, durante ocho años. Durante este segundo gobierno de Bustamante, se acrecentó la lucha entre los partidos políticos Federalista y Centralista. El general Esteban Moctezuma, un rebelde sistemático, se sublevó en San Luis Potosí, siendo derrotado por el general Mariano Paredes y Arrillaga en Río Verde, San Luis Potosí.

En ese tiempo se produjo un serio incidente con Francia. Desde 1827, este país buscó la manera de abrirse paso a nuestros mercados y celebró un convenio con

México que le permitió hacer pasar muchos de sus nacionales al país; pero como para 1838 no se había llegado a un tratado definitivo, el barón Deffaudis, encargado francés de negocios, presentó una lista de reclamaciones a las que el gobierno mexicano no dio suficiente importancia. Deffaudis salió de México para regresar con una flota de guerra que ancló en la Isla de Sacrificios de donde mandó un "ultimátum" al gobierno mexicano el 21 de marzo de 1838, concebido en términos exagerados e injuriosos, pues pedía que se liquidaran, sin averiguación y en quince días, 660 000 pesos de deudas y se indemnizara a los franceses que habían salido perjudicados con las revoluciones mexicanas. Dentro de las cuentas reclamadas por los franceses estaban 30 000 pesos de un pastelero de Tacubaya que acusó a unos oficiales de haber dispuesto de ellos.

Como Bustamante se negara a tratar bajo amenaza, el almirante Bazoche declaró bloqueado el puerto de Veracruz el 16 de abril de 1838. Los franceses mandaron al contraalmirante Carlos Baudin para que se entrevistara con el comisionado mexicano, don Luis G. Cuevas en Jalapa, pero las exigencias de Baudin aumentaron la cuenta, pues pedía que México pagara los gastos de la expedición. Como el ministro Cuevas se retiró molesto, Baudin declaró rotas las negociaciones, y mientras éstas se realizaban, los barcos franceses se acercaron a echar el ancla cerca de San Juan de Ulúa, apuntando los cañones con precisión y abusando de la confianza que se les dio por los arreglos que se trataban, rompieron el fuego y se apoderaron de la fortaleza.

México declaró la guerra a los franceses el 30 de noviembre y puso las tropas a las órdenes de Santa Anna, quien tomó la ofensiva para rechazar a los invasores del puerto. Se libraron algunos combates en Veracruz; los franceses se vieron obligados a reembarcarse y cuando lo estaban haciendo, llegó Santa Anna al frente de las tropas. Un grupo de marinos enemigos disparó un pequeño cañón hiriendo en una pierna al jefe mexicano.

Tal parece que la amputación de la pierna de Santa Anna fuera la causa para que México pidiera la reanudación de negociaciones. Don Eduardo de Gorostiza y el general Guadalupe Victoria se entrevistaron con el almirante Baudin y el 9 de marzo se firmó la paz. Francia desistía del pago de los gastos de guerra y México liquidaba 600 000 pesos, incluido el dinero que se le debía al pastelero de Tacubaya. El pueblo llamó jocosamente a ésta "La Guerra de los Pasteles".

Después de algunos incidentes rebeldes contra el centralismo, sofocados personalmente por Bustamante, éste sólo desempeñó el gobierno hasta el 22 de septiembre de 1841, como consecuencia de un pronunciamiento encabezado por el general Paredes y Arrillaga en Guadalajara, que pedía convocar a un Congreso para enmendar la Constitución, desconocía como Presidente a Bustamante y pedía se nombrara a un encargado del Poder Ejecutivo. La rebelión, secundada en Veracruz por Santa Anna y en México por el general Gabriel Valencia, hizo que el gobierno entrara en tratos con los pronunciados. Renunció Bustamante y quedó como Presidente provisional el general Antonio López de Santa Anna.

Los sublevados habían formulado las "Bases de Tacubaya", que establecían la dictadura militar para investir a Santa Anna. Este le dio primacía al Ejército, para contar con su apoyo y establecer un gobierno dictatorial. De acuerdo con las mismas Bases, se convocó a un Congreso Constituyente que resultó formado por liberales y enmendó la Constitución en este sentido, por lo cual Santa Anna ordenó su inmediata disolución.

Santa Anna se retiró interinamente del gobierno, encargándoselo al general Nicolás Bravo, quien convocó a un nuevo Constituyente, llamado Junta Nacional Legislativa. Dicha Junta se apresuró a elaborar una nueva Constitución, con el nombre de "Bases Orgánicas", que le dieron forma a una segunda República Centralista, con mayores facultades para el Ejecutivo.

Una vez al frente del gobierno, Santa Anna lo ejerció como dictador imponiendo contribuciones arbitrarias, restringiendo las libertades y gastando los fondos públicos en fiestas y paradas militares. Sin embargo, llevó a cabo algunas obras materiales: se construyó el Teatro Nacional y el mercado de El Volador; se establecieron los tribunales Mercantil y de Minería y se formó una Junta Codificadora de las Leyes.

El centralismo produjo el movimiento separatista de Yucatán. Don Santiago Imán se levantó en armas en Tizimín el 29 de mayo de 1839, se apoderó de Valladolid y proclamó la Federación. El gobierno estatal declaró en Mérida que Yucatán permanecería independiente de la República Mexicana hasta que ésta volviese al régimen federal.

Santa Anna quiso tratar el asunto por vía de las negociaciones y comisionó al antiguo insurgente don Andrés Quintana Roo para tratar con los disidentes, pero no tuvo éxito y tampoco con otros comisionados, hasta que el general Pedro Ampudia los convenció para que nombraran una comisión que marchara a México a tratar el asunto. Los delegados yucatecos llegaron a México y obtuvieron libertad en su régimen interior, exención del servicio militar, conservación de milicias estatales y el poder disponer de los impuestos aduanales para sus gastos locales. Así Yucatán se volvió a incorporar a México.

La Junta Departamental de Guadalajara protestó enérgicamente contra el desbarajuste del régimen centralista y exigió que Santa Anna rindiese cuentas de lo que hacía. Esta petición fue apoyada por el general Mariano Paredes y Arrillaga el 2 de noviembre de 1844, al mismo tiempo que se levantaban en armas las guarniciones de Puebla y Querétaro. Santa Anna marchó a Guadalajara a sofocar la rebelión, pero entonces las autoridades políticas de la capital lo desconocieron y nombraron como jefe del Poder Ejecutivo al general José Joaquín de Herrera por disposición de la ley que marcaba que el presidente del Consejo de Ministros se encargara de la Presidencia. Santa Anna quiso entrar en arreglos, pero el gobierno se lo negó y entonces quiso escapar hacia Veracruz; en el camino fue aprehendido y puesto preso en el castillo de San Carlos de Perote de donde se le remitió al puerto para ser enviado al destierro a La Habana, el 3 de junio de 1845.

Estando en la presidencia el general Herrera, surgieron los problemas con los Estados Unidos por la cuestión de Texas. Herrera conocía las capacidades de México, su estado de constante carencia de fondos en el erario y estaba dispuesto a negociar un arreglo amistoso, porque se veía muy difícil obtener una victoria militar, ya que los norteamericanos tenían cuantiosos recursos y nos derrotarían. Pero a pesar de todo, recurriendo a préstamos y sacando todos los fondos disponibles, alistó un contingente de seis mil hombres en San Luis Potosí, puesto a las órdenes del general Mariano Paredes y Arrillaga quien en vez de marchar al norte para rechazar una invasión, se pronunció contra el gobierno con el pretexto de que se quería evitar la guerra, exigiendo que renunciara Herrera y su Gabinete, pero la verdad era que Paredes quería apoderarse del gobierno para establecer un régimen monárquico. Como el pronunciamiento fue secundado por muchos jefes con mando de tropas, Paredes entró a la capital el 4 de enero de 1846, siendo reconocido como Presidente Interino de la República.

La guerra contra los Estados Unidos había empezado y a pesar de ello, se produjeron pronunciamientos en contra del gobierno de Paredes en Oaxaca, Puebla, Guadalajara y México y otras entidades, siendo el más importante el de Guadalajara, encabezado por Gómez Farías y los federalistas, proclamando a Santa Anna como Presidente, por ser el único capaz de tomar el mando del ejército para enfrentarse a los invasores.

Paredes salió de México para combatir a los sublevados de Guadalajara, pero tan pronto salió de la capital, la guarnición se pronunció en favor del Plan de Guadalajara, haciéndose cargo de la Presidencia el **general** Mariano Salas, quien convocó a un Congreso para decretar el restablecimiento de la Constitución Federal de 1824 y declarar Presidente al **general** Antonio López de Santa Anna y Vicepresidente a don Valentín Gómez Farías.

La guerra con los Estados Unidos

Como Texas temía constantemente ser atacada por México, que sólo lo reconocía como Estado rebelde, solicitó su incorporación a la Unión Americana; ésta le fue concedida el 1o. de marzo de 1845, a pesar de las protestas de México. Entonces, Texas declaró que sus límites al sur eran hasta el río Bravo, los cuales en verdad nunca habían pasado del río de las Nueces. Los Estados Unidos, sin mayor averiguación, mandaron tropas para ocupar varios puntos sobre el río Bravo con el pretexto de proteger sus nuevas fronteras. El general Zacarías Taylor avanzó al sur con una fuerte división, ocupó San Antonio y Corpus Christi en agosto de 1845. Unos meses después, las tropas norteamericanas llegaron al Frontón de Santa Isabel y frente al Puerto de Matamoros, Tamaulipas, en donde construyeron un fuerte a las órdenes del mayor Brown, mientras que su flota bloqueaba los puertos de Tampico y Veracruz. Pero en abril de 1846, un destacamento mexicano sorprendió a una patrulla de caballería norteamericana y la hizo prisionera. Los Estados Unidos manifestaron que México los había atacado y le declararon la guerra el 13 de mayo de 1846, a lo que el Presidente Paredes contestó también con la declaración de guerra y se ocupó de alistar al ejército para combatir a los norteamericanos, dándole el mando del Ejército del Norte al general Mariano Arista.

Los primeros combates tuvieron lugar en Palo Alto y en la Resaca de la Palma, el 8 de mayo, cuando las tropas mexicanas fueron derrotadas, teniendo que replegarse a Matamoros, pero como Arista juzgó indefendible la plaza, retrocedió a Monterrey dejando cuatrocientos heridos y toda la artillería en poder del enemigo. Arista fue relevado por el general Pedro Ampudia.

Los norteamericanos avanzaron a Monterrey, plaza que se defendió con energía y valor, poniendo en dificultad al enemigo que iba a negociar un parlamento cuando llegaron al campo norteamericano emisarios de Ampudia para pedir la capitulación con los honores de guerra y la suspensión de las hostilidades durante siete semanas. Los dos puntos fueron concedidos con beneplácito de Taylor, mientras que las tropas mexicanas se retiraban a Saltillo, en donde Ampudia recibió órdenes de replegarse a San Luis Potosí para recibir el mando el General-Presidente Antonio López de Santa Anna, quien había regresado de La Habana y desembarcado en Veracruz, quién sabe cómo, pues el puerto estaba bloqueado por la flota norteamericana.

Para ponerse al mando del Ejército, Santa Anna dejó encargado del gobierno a Gómez Farías y ordenó que el general Anastasio Parrodi, comandante de la guarnición de Tampico, destruyese todo el material militar del puerto y se retirase a San Luis Potosí con las tropas a su mando. Esta torpe disposición permitió que los norteamericanos se apoderaran de Tampico sin el menor esfuerzo.

La Angostura. La Campaña en el Valle de México

Habiendo terminado el armisticio de Monterrey, Santa Anna salió de San Luis con 13 000 hombres y 30 cañones, pero las penalidades y miserias del Ejército hicieron que éste quedara reducido a 9 000 soldados; con ellos marchó contra el enemigo que se encontraba en la hacienda de Buenavista. Los mexicanos atacaron con furia y lograron derrotar a los invasores en La Angostura, quitándoles armas, parque, banderas y haciéndoles numerosos prisioneros en las terribles batallas del 22 y 23 de febrero, a pesar de que las tropas mexicanas no habían probado alimento. De pronto, Santa Anna ordenó retirarse hacia Agua Nueva y de allí se emprendió una terrible retirada por el desánimo existente en aquel Ejército vencedor, que por la torpeza del jefe se convirtió en vencido. Esto se debió a que Santa Anna recibió noticias de que en la capital se habían sublevado los "polkos", como el pueblo nombraba a los batallones de cívicos "Hidalgo", "Guerrero", "Bravo", "Galeana" y otros compuestos por señoritos y jóvenes de la capital, porque Gómez Farías había exigido al clero que proporcionara dinero para el abastecimiento de las tropas combatientes del enemigo extranjero. Hubo serios combates en las calles y graves desórdenes, hasta que Santa Anna llegó el 20 de marzo de 1847.

En julio de 1846, el general Freemont invadió California y ocupó San Francisco, auxiliado por una flota al mando del Comodoro Sloat, mientras que una columna mandada por el general Kearny, en agosto de 1846, se apoderaba de Nuevo México; y otra, mandada por el coronel Doniphan, ocupaba Paso del Norte y avanzaba hacia Chihuahua, después de haber derrotado a un débil destacamento de 500 soldados mexicanos en Sacramento.

Pero los norteamericanos cobraron experiencia de la costosa acción de La Angostura, que ellos le llamaron de Buena Vista, en que fueron derrotados. Cambiaron de plan de operaciones, desembarcando otro Ejército en Veracruz a las órdenes del general Winfield Scott compuesto de 13 000 hombres. La resistencia del puerto fue valiente, pero en la población había hambre y las tropas tuvieron que rendirse por la total carencia de elementos.

Santa Anna encargó el gobierno al general Pedro María Anaya, reunió un Ejército de 10 000 hombres y se situó a esperar al enemigo en una mala posición llamada Cerro Gordo, cerca de Jalapa, en que fue fácilmente rodeado y derrotado. El Ejército desbandado huyó a Orizaba. Allí se presentó ante Santa Anna el general Antonio León con 1 200 voluntarios de la Mixteca, armados y equipados por el Estado de Oaxaca. El enemigo avanzó hasta Puebla, plaza que fue abandonada por Santa Anna, quien resolvió presentar resistencia en México.

Scott prolongó mucho su estancia en Puebla, lo cual dio tiempo a Santa Anna de alistar nuevas tropas en la ciudad de México, fortificando varios puntos de la capital. Los norteamericanos rodearon el valle, eludiendo la zona oriental por ser la más bien atrincherada. Atacaron por el sur, estacionándose en Tlalpan de donde lograron rodear al general Valencia en Padierna. Desde San Angel, Santa Anna pudo auxiliar fácil y exitosamente a Valencia, pero por egoísmo y necedad no lo hizo: Valencia cayó prisionero. La defensa mexicana se concentró en la garita de San Antonio, en la hacienda de los Portales y en Churubusco, puntos confiados a los batallones de "polkos", a las órdenes de los generales Anaya y Rincón. Los norteamericanos se apoderaron de Churubusco, después de una valiente y feroz resistencia de los voluntarios; Anaya tuvo que rendirse por no tener ni un cartucho con qué defenderse.

Los norteamericanos volvieron a acuartelarse en Tlalpan, de donde enviaron un parlamentario para arreglar un armisticio y tratar de paz, comisionando a Mr. Nicolás Trist, quien se entrevistó con los representantes mexicanos Bernardo Couto, Miguel Atristáin y otros, pero las peticiones norteamericanas eran imposibles, pues pedían no sólo Texas sino Nuevo México, las dos Californias y el libre tránsito por el Istmo de Tehuantepec, dando a cambio una indemnización. México sólo concedía el territorio de Texas, y como no se pudo llegar a ningún arreglo, continuaron las hostilidades el 6 de septiembre, atacando los americanos la Casa Mata y el Molino del Rey en el que sufrieron graves bajas. El general Juan Alvarez, quien estaba con la caballería en la hacienda de los Morales, no auxilió a los soldados de Oaxaca del general Antonio León que allí murió junto con otros valientes jefes y soldados.

El último reducto mexicano era el castillo de Chapultepec, defendido por unos cuantos soldados y los jóvenes cadetes del Colegio Militar, quienes combatieron heroicamente el 13 de septiembre, muriendo con las armas en la mano seis de ellos: el teniente Juan de la Barrera y los alumnos Montes de Oca, Escutia, Suárez, Melgar y Márquez. Inoportunamente Santa Anna mandó

Durante la época de la segunda República Federal se produjeron en México numerosos pronunciamientos militares.

como refuerzo a Chapultepec al batallón de San Blas, mandado por el coronel Santiago Felipe Xicoténcatl, quien, sorprendido por el fuego graneado del enemigo y cuando atacaba a la columna que mandaba el general Pillow, quedó muerto con casi todo el batallón.

Los Tratados de Paz de Guadalupe-Hidalgo

Después de la captura de Chapultepec, los americanos avanzaron por las garitas de San Cosme y de Belén, las cuales cayeron tras de una corta resistencia. Santa Anna rodeó la salida de las pocas tropas mexicanas con rumbo a Puebla, pero se le pidió que entregara su renuncia a la Presidencia que fue recibida por el ministro de la Suprema Corte, don Manuel de la Peña y Peña el 14 de septiembre. Los norteamericanos tomaron posesión de la capital el día 15, entonces el pabellón de las barras y las estrellas ondeó en el asta del viejo Palacio de Cortés, mientras que el gobierno mexicano se trasladaba a Querétaro. Santa Anna entregó el mando de las pocas tropas que le quedaban al general Isidro Reyes, ya que iba a ser aprehendido y sometido a juicio; sin embargo, estuvo tranquilamente en Tehuacán y de allí salió para embarcar con rumbo a Jamaica y Colombia.

Ante la evidencia de no poder llevar a cabo la resistencia nacional, el gobierno mexicano entró en tratos con los representantes de los Estados Unidos, firmándose la paz en Guadalupe, Hidalgo el 2 de febrero de 1848. Por los tratados de paz, que se llamaron de "Paz, Amistad y Límites", México cedió el territorio de Texas, hasta el río Bravo, Nuevo México y Alta California, algo así como dos millones de kilómetros cuadrados. En cambio, los Estados Unidos entregarían a México quince millones de dólares, absorberían todos los gastos de la guerra y se encargarían de vigilar la nueva frontera para evitar las incursiones de los indios bárbaros. El Tratado encontró oposición y hasta hubo rebeliones, pero finalmente fue aprobado el 13 de mayo de 1848. Las tropas norteamericanas salieron de México el 12 de junio del mismo año, para embarcarse en Veracruz.

La Segunda República Federal

Aprobados los Tratados de Paz, don Manuel de la Peña y Peña renunció a la Presidencia; el Congreso designó nuevamente al general José Joaquín de Herrera, de 1848 a 1852, quien estableció el gobierno en la capital inmediatamente después de la salida de los norteamericanos. Dentro del caos que dejó la guerra, procuró hacer avanzar al país por el camino del progreso, instalando el servicio eléctrico, los primeros ferrocarriles y el telégrafo de México a Veracruz. Sin embargo, estalló la guerra de castas en Yucatán, de tal suerte que los políticos yucatecos ofrecieron a Inglaterra, a España y a los Estados Unidos el dominio de su provincia con tal de sofocar la rebelión, pero no obtuvieron nada. El gobierno mexicano destinó parte del dinero entregado por los Estados Unidos para pagar tropas, comprar armamento y municiones y controlar la situación en Yucatán. Esto ocasionó que el gobernador don Manuel Barbachano declarase el 15 de agosto de 1848, la incorporación de Yucatán a la República Mexicana.

Transcurridos con pequeños sobresaltos los años de gobierno del general Herrera, se hicieron nuevas elecciones en 1850, resultando electo el general Mariano Arista, quien trató de arreglar la hacienda pública y los intereses de los dos partidos políticos contendientes. En Ciudad Guerrero y en Camargo se levantaron algunos jefes militares con el fin de establecer un gobierno autónomo para fundar la República de Sierra Gorda, pero fueron derrotados fácilmente en septiembre de 1851.

El Plan del Hospicio y la Dictadura de Santa Anna

Una vez pasada la guerra contra los norteamericanos, el gobierno giró a los Estados órdenes para desarmar las milicias, pero en Guadalajara los Cívicos, al mando del coronel auxiliar José María Blancarte, se negaron a ser desarmados, sublevándose contra el gobernador López Portillo. Por la misma razón se levantó en armas el coronel Bahamonde en La Piedad, Michoacán, uniéndose a los rebeldes de Guadalajara, cuya actitud carecía de sentido político; pero de ello se encargaron los representantes del clero al abandonar la sublevación el 13 de septiembre de 1851, mediante un plan votado en el Hospicio Cabañas, de Guadalajara, por el cual se pedía desconocer a Arista, sostener el Federalismo y llamar a Santa Anna para restablecer la paz y el orden.

Cuando la rebelión del Plan del Hospicio cobró importancia y encontrándose Arista sin elementos para sofocar la rebelión, pidió "poderes extraordinarios", pero el Congreso se los negó, por lo que renunció a la Presidencia el 5 de enero de 1853. El Congreso nombró Presidente Interino a don Juan B. Ceballos, quien sí obtuvo los "poderes extraordinarios". Poco después la Cámara se mostró hostil a Ceballos, por lo que éste la mandó disolver produciéndose entonces la rebelión de la guarnición de México, encabezada por el general Manuel Robles Pezuela, quien declaró su adhesión al Plan del Hospicio, en un acuerdo celebrado en la hacienda de Arroyo Zarco con el general José López Uraga; dicho acuerdo proclamó la dictadura de Santa Anna y nombró Presidente Interino al general Manuel María Lombardini el día 7 de febrero de 1853. Lombardini designó una comisión para comunicarle a Santa Anna, que se encontraba en Turbaco, Colombia, lo resuelto en el Plan del Hospicio. Al llegar Santa Anna a México fue recibido con demostraciones de alegría; luego se comprometió a cumplir con el programa formulado por el partido conservador, encabezado por don Lucas Alamán.

En esta época el gobierno de Santa Anna tuvo matices progresistas: se tendieron nuevas líneas telegráficas, se construyó el camino carretero a Cuernavaca, se inició la construcción del ferrocarril a Veracruz, se creó el Panteón de los Hombres Ilustres y se convocó a un concurso para escribir la letra y música del Himno Nacional; pero también se creó una policía secreta, se aumentaron los efectivos del ejército por medio de la leva y se impusieron contribuciones por puertas y ventanas y por los animales domésticos. Los Estados fueron convertidos en Departamentos y muchos locales públicos fueron transformados en cuarteles.

Para halagar la vanidad del dictador se restableció la "Orden Nacional de Guadalupe", creada por Iturbide; en Guadalajara se levantó un acta que declaraba a Santa

Anna dictador perpetuo y posteriormente, el 6 de diciembre, el Congreso lo declaró Alteza Serenísima y Capitán General.

El ministro plenipotenciario de los Estados Unidos en México, Mr. James Gadsden, pidió al gobierno mexicano una rectificación de límites por el cual se vendía en diez millones de pesos el territorio de La Mesilla, en el norte de los Estados de Chihuahua y Sonora. Los Estados Unidos sólo pagaron siete millones que el gobierno de Santa Anna gastó en un año.

El Plan de Ayutla

En el sur existía un verdadero cacicazgo ejercido por don Juan Alvarez, enemigo del Centralismo y de la dictadura. Considerándolo peligroso, Santa Anna resolvió destituir a Alvarez y mandó fuerzas militares al sur, con el pretexto de que iban a ser embarcadas en Acapulco para rechazar a unos filibusteros de California. Alvarez, comprendiendo la verdadera intención de Santa Anna, se levantó en armas contra la dictadura. El coronel Florencio Villarreal, jefe de una milicia en Ayutla, proclamó en esa plaza, el 1o. de marzo de 1854, un plan revolucionario en el que se desconocía a Santa Anna como Presidente de la República y se pedía la expedición de una nueva Constitución. La rebelión fue secundada en el puerto de Acapulco por el coronel Ignacio Comonfort, quien le hizo algunas reformas de tendencias moderadas.

Seguro de un triunfo aplastante, Santa Anna se puso al frente de un ejército de cinco mil hombres y marchó al sur el 15 de marzo de 1854 siendo atacado en el camino por las partidas sublevadas, hasta llegar a Acapulco en donde puso infructuoso sitio al castillo de San Diego, viéndose obligado a retirarse a México. La Revolución de Ayutla pronto se extendió por otros lugares; todo Michoacán estaba en poder de los rebeldes al mando de los generales Epitacio Huerta y Manuel Pueblita, al mismo tiempo que don Santiago Vidaurri, en Nuevo León, y don Ignacio de la Llave, en Veracruz, se sublevaron por el Plan de Ayutla, mientras que el coronel Comonfort embarcó en Zihuatanejo para los Estados Unidos, a comprar armas y municiones regresando al sur de Jalisco en donde levantó muchas milicias. Santa Anna llevó a cabo un plebiscito, con el pretexto de consultar la opinión pública, pero en verdad era para descubrir a sus enemigos. Desterró a don Manuel Payno, a don Guillermo Prieto y a don Vicente Riva Palacio. Pero todas esas medidas no le servieron para nada; finalmente, Santa Anna tuvo que abandonar el país embarcándose con rumbo a La Habana.

Tan pronto salió Santa Anna de la capital, el pueblo asaltó las casas de los amigos del dictador. El partido reaccionario quiso sacar partido de la rebelión triunfante, haciendo que la guarnición de México secundara el movimiento de Ayutla, nombrando Presidente Interino al general don Martín Carrera. En los Estados, algunos gobernadores quisieron imponerse a los revolucionarios, como don Manuel Doblado, de Guanajuato y don Manuel Haro y Tamariz, en San Luis Potosí, pero el general Ignacio Comonfort se entrevistó con ellos en Lagos, Jalisco y logró que reconocieran sin reservas el Plan de Ayutla y como Presidente Interino a don Juan Alvarez, quien tomó posesión del cargo en Cuernavaca, nombrando su gabinete en la forma siguiente: don Melchor Ocampo, en Relaciones; don Benito Juárez, en Justicia; don Guillermo Prieto, en Hacienda y don Ignacio Comonfort, en Guerra. Pero como este último trataba de conciliar los intereses de los conservadores, don Melchor Ocampo, que era partidario de dictar las reformas radicales, renunció a su cargo.

El gobierno se trasladó a la capital el 15 de noviembre de 1855 y votó dos leyes: una para convocar a un Congreso Constituyente y la otra para crear la Guardia Nacional en sustitución del ejército de facción. Con fecha 23 de noviembre del mismo año votó la primera ley reformista, o Ley Juárez, redactada por el Ministro de Justicia, que suprimía los fueros eclesiástico y militar, así como los tribunales especiales.

Como la votación de las leyes enunciadas produjo trastornos y conatos de rebeliones, el general Alvarez renunció a la Presidencia, nombrándose en su lugar al general Ignacio Comonfort. Este político, de tendencias moderadas, nombró un gabinete formado por personajes también moderados como don Ezequiel Montes, don Luis de la Rosa, don José María Lafragua, don Manuel Payno y el general Yáñez.

Al poco tiempo, el 19 de diciembre, se produjo una rebelión en Zacapoaxtla, Puebla, al grito de "Religión y Fueros", encabezada por el cura del lugar y del coronel Luis Gonzaga Osollo. Pronto se les unió el general Antonio Haro y Tamariz, y entre todos se aporeraron de Puebla; entonces, el Presidente Comonfort con 15 000 hombres regulares y milicianos, marchó contra esa plaza, derrotando a los sublevados en la batalla de Ocotlán, el 25 de marzo de 1856. Para castigar al clero rebelde, el gobierno embargó los bienes del Obispado de Puebla y desterró al obispo Pelagio de Labastida por su actitud sediciosa.

El gobierno de Comonfort dictó las siguientes leyes liberales: supresión de la coacción civil para el cumplimiento de los votos monásticos y la extinción de la Compañía de Jesús; pero la más importante fue la Ley Lerdo, así llamada por haberla formulado el licenciado Miguel Lerdo de Tejada, para desamortizar los bienes de corporaciones civiles y eclasiásticas. Sin embargo, como corporaciones civiles eran también las comunidades indígenas, éstas fueron despojadas de sus tierras y aguas. En consecuencia, se volvieron a producir rebeliones en Puebla, nuevamente al grito de "Religión y Fueros", encabezada por los jefes Antonio Orihuela y Miguel Miramón. Las tropas del gobierno los derrotaron, hicieron prisionero a Orihuela y lo fusilaron. El general Luis G. Osollo fue derrotado por Parrodi en San Luis Potosí.

El 18 de febrero de 1856 se reunió el Congreso, formado por liberales y presidido por don Ponciano Arriaga, contando entre sus miembros a Melchor Ocampo, Valentín Gómez Farías, Francisco Zarco, Ignacio Ramírez y Santos Degollado, quienes se ocuparon de formular una Constitución liberal, aprobada el 5 de febrero de 1857. Esta declaraba a México como República representativa, democrática y federal, dividida en veintitrés Estados libres y soberanos en su régimen interior, pero unidos en una federación. Declaraba los derechos del hombre y otorgaba las garantías de libertad, igualdad, propiedad y seguridad, así como la soberanía popular. Suprimía el Senado y quedaba sólo la Cámara de Diputados, estableciendo que el Presidente de la Suprema Corte de Justicia debía sustituir las faltas temporales del Presidente de la República. Incorporaba las leyes sobre la abolición de fueros, la desamortización de bienes de corporaciones civiles y eclesiásticas y la libertad de enseñanza.

De acuerdo con la flamante Constitución se hicieron elecciones, resultando electos don Ignacio Comonfort, para Presidente de la República, y el licenciado Benito Juárez, para ministro de la Suprema Corte. Tomaron posesión de sus cargos el 1o. de diciembre de 1857.

El Golpe de Estado de Comonfort.
La Guerra de Reforma

Desde un principio a Comonfort le pareció demasiado radical la Constitución y creyó imposible gobernar con ella. Esta debilidad manifestada en sus conversaciones, originó el Plan de Tacubaya, encabezado por el general Félix Zuloaga, comandante de una brigada de Infantería estacionada en aquel lugar; en el Plan se pedía que se anulara la Constitución y se reuniera un nuevo Congreso para formular un nuevo Código. Comonfort aceptó el Plan de Tacubaya, desconociendo así la Constitución que le había dado el cargo de Presidente de la República; pero entonces los Liberales y los Conservadores desconocieron a Comonfort, quien abandonó la Presidencia y marchó a los Estados Unidos, poniendo antes en libertad al licenciado Juárez, al que tenía detenido por haberse opuesto al golpe de Estado. Los conservadores del Plan de Tacubaya se apoderaron de la capital, mientras que Juárez lanzó un manifiesto en el cual declaraba que asumía el Poder Ejecutivo, de acuerdo con la ley, a falta del Presidente. Juárez marchó a Guanajuato en donde estableció su gobierno el 18 de enero de 1848, protegido por el Gobernador del Estado, don Manuel Doblado; el gabinete federal estuvo formado por hombres de pensamiento liberal avanzado como Melchor Ocampo, Santos Degollado, Guillermo Prieto y León Guzmán. Juárez levantó tropas proporcionadas por los Estados de Michoacán, Jalisco, Guanajuato, Zacatecas, Aguascalientes y San

Luis Potosí, a las órdenes del general Anatasio Parrodi. Los conservadores, a las órdenes del general Luis G. Osollo, derrotaron a Parrodi en Celaya y en Salamanca, avanzando a Guadalajara. En Romita, Guanajuato alcanzaron al gobernador Doblado y lo hicieron capitular. Juárez y su gabinete habían salido de Guanajuato hacia Guadalajara; estando en esa plaza se sublevó la guarnición, reconociendo el Plan de Tacubaya y haciendo prisioneros a Juárez y a sus ministros. Los batallones de la Guardia Nacional de Jalisco atacaron a los sublevados, que quisieron fusilar a Juárez y a sus compañeros; pero la serenidad del Presidente, la amenaza de los ataques de los guardias nacionales y las palabras persuasivas de don Guillermo Prieto obligaron a los rebeldes a poner en libertad a los prisioneros que salieron con rumbo a Manzanillo. En Colima, Juárez nombró Ministro de Guerra y de Gobernación a don Santos Degollado para continuar la guerra contra los conservadores, mientras que él, con su gabinete, embarcó con rumbo a Panamá, para luego dirigirse a Veracruz y allí establecer el gobierno.

Los jefes conservadores eran militares profesionales muy capaces. Muerto el general Osollo en San Luis Potosí en junio de 1858, tomó el mando de las operaciones el general Miguel Miramón, auxiliado valiosamente por los generales Tomás Mejía y Leonardo Márquez. En cambio, el ejército liberal estaba mandado por jefes militares improvisados que después llegaron a destacar como Jesús González Ortega, Ignacio Zaragoza, Pedro Ogazón y otros más.

Miramón se apoderó de Guadalajara, marchó a Zacatecas y luego a San Luis Potosí. Fueron repetidos los triunfos de los conservadores mandados por Miramón, especialmente; pero cuando parecía que la victoria final

*La guerra contra la Intervención Francesa fue una
enconada lucha que terminó en Querétaro
con el triunfo de las armas mexicanas.*

estaba en sus manos, se produjo una escisión entre ellos. El general Echegaray en Cuernavaca proclamó el Plan de Navidad el 23 de diciembre de 1858 que desconocía a Zuloaga como Presidente y en su lugar nombraba al general Miramón, quien de esta manera ocupó la Presidencia por el Partido Conservador el 2 de enero de 1859.

Desde México Miramón se puso en marcha para atacar Veracruz, en donde se encontraba el Gobierno Liberal, protegido por el gobernador Manuel Gutiérrez Zamora, pero tuvo que retirarse por carecer de material de sitio y de una escuadra para atacarla por mar. El general Degollado, de Toluca marchó sobre México con una división de siete mil hombres con la seguridad de que la población capitalina se levantaría en armas en su favor. Pero esperó en vano varios días hasta ser sorprendido por el conservador Leonardo Márquez, quien lo derrotó por completo allí mismo, en Tacubaya. Miramón ordenó el fusilamiento de todos los jefes y oficiales liberales que habían caído prisioneros; pero Márquez también hizo fusilar a un grupo de médicos y practicantes de medicina que atendían tanto los heridos del bando conservador como los del liberal. Desde entonces, 11 de abril de 1859, fecha de esos asesinatos, Márquez recibió el triste calificativo de "Tigre de Tacubaya".

Estando el gobierno liberal en Veracruz, buscó la ayuda del gobierno norteamericano, que había reconocido a Juárez como Presidente legal el 6 de abril de 1859, y comisionó a don Melchor Ocampo, Ministro de Relaciones, para que entrara en tratos con Mr. Mc Lane, plenipotenciario norteamericano; así, se firmó en Veracruz un documento comprometedor por el cual el gobierno liberal hacía grandes concesiones territoriales a los

Estados Unidos, entre ellos el derecho perpetuo de tránsito por el Istmo de Tehuantepec, a cambio de ayuda para derrotar a los conservadores. Afortunadamente este Tratado, de 1o. de diciembre de 1859, fue rechazado por la mayoría del Senado norteamericano.

Los conservadores, mandados por Miramón, derrotaron en Guadalajara a las fuerzas liberales del general Degollado; entonces aquél ordenó la aprehensión del general Leonardo Márquez, su lugarteniente, por haberse apoderado éste de una conducta de seiscientos mil pesos; pero inmediatamente el caudillo conservador regresó a México para negociar la compra de dos barcos en La Habana, que puso a las órdenes del marino metido a militar don Tomás Marín, para que con ellos atacara Veracruz, mientras que Miramón lo hacía por tierra; mas cuando llegó Marín a Antón Lizardo, fondeadero cercano al puerto, fue apresado con sus dos barcos por la flota norteamericana del Comodoro Turner, declarándolos piratas y quitándoles el material de guerra.

Esta intervención del gobierno norteamericano en favor de los liberales hizo que Miramón desistiera de apoderarse del puerto, regresando a dirigir la campaña en el occidente contra las tropas norteñas enviadas por Vidaurri a las órdenes de los generales Aramberri, Zuazua y otros. Los generales González Orteza y Zaragoza derrotaron a los conservadores en Peñuelas, Aguascalientes, y de allí marcharon a alcanzar a Miramón en Silao, cuando realizaba una marcha retrógrada hacia México, y lo derrotaron por completo, logrando apenas el "Macabeo", como llamaban sus partidarios a Miramón, escapar a casco de caballo. Márquez, restituido en el mando de tropas, fue derrotado por el general Zaragoza en Zapotlanejo, mientras que el general Severo del Castillo se veía obligado a capitular en Guadalajara.

En México, Miramón se apresuró a levantar nuevas tropas para contener el avance de los liberales; contrajo un préstamo oneroso con el banquero suizo-francés Jecker y mandó sacar de la embajada inglesa 600 mil pesos. Este dinero le permitió alistar un ejército de cinco mil hombres con quienes salió a enfrentar a los liberales, que a las órdenes de González Ortega se encontraban en Querétaro. En Toluca derrotó e hizo prisioneros a los generales Felipe Berriozábal y Santos Degollado; pero en los llanos de San Miguel de Calpulalpan, Estado de México, Miramón y el Partido Conservador fueron derrotados definitivamente el día 22 de diciembre de 1860. Miramón se retiró a México en donde entregó la ciudad al Ayuntamiento y de allí salió a La Habana, de donde prosiguió hacia Francia.

El 1o. de enero de 1861 hizo su entrada a México el Ejército Liberal, encabezado por el general Jesús González Ortega. El día 11 del mismo mes, el Presidente Juárez estableció el gobierno en la capital, procediendo luego a la expulsión de los diplomáticos de España, la Santa Sede, Guatemala y el Ecuador, por haberse mostrado partidarios de los conservadores; desterró al arzobispo y a otros religiosos por constituir un peligro para la paz. Mientras tanto, los conservadores seguían en pie de lucha: Márquez y Mejía habían levantado muchas guerrillas a las órdenes de Marcelino Cobos, Juan Vicario, Lindoro Cajigas y otros más. Don Melchor Ocampo, después de una desavenencia con el gabinete liberal, se había retirado de la política y vivía tranquilamente en su hacienda de Pomoca. La guerrilla de Cajigas lo hizo prisionero y lo condujo a Tepeji del Río, en donde Márquez lo hizo fusilar el 3 de junio.

El asesinato de Ocampo causó indignación en todo

el país; el general Santos Degollado pidió mando de tropas para castigar a los asesinos, pero fue derrotado por el guerrillero Buitrón en los llanos de Salazar, capturado y fusilado por orden de Márquez. Y lo mismo ocurrió al general Leandro Valle, quien había salido a combatir a los guerrilleros asesinos; fue derrotado y fusilado en el Monte de las Cruces el 23 del mismo junio de 1861.

Muy confiados, los conservadores tuvieron el atrevimiento de avanzar a la ciudad de México, Márquez llegó hasta la plaza de Buenavista, donde fue rechazado por la brigada de Oaxaca a las órdenes del general Porfirio Díaz, quien lo persiguió hasta Real del Monte. El general González Ortega lo derrotó posteriormente en Jalatlaco, México, pero Márquez seguía en pie de guerra, aunque ya no presentaba ningún peligro.

La Intervención Francesa

Juárez surgió como Presidente de la República para el periodo de 1861 a 1865, pero su gobierno no tenía dinero ni para los gastos más urgentes; de lo que recababa, el 9% era para el pago de la deuda exterior y el resto para la administración y el pago del Ejército; por ello, se tomó la determinación de suspender por dos años el pago de la deuda extranjera, explicando las razones de tal medida.

El decreto de suspensión de pagos causó expectativas en el extranjero y fue el pretexto para la intervención europea en México, pedida por los conservadores, quienes derrotados, recurrían a las Cortes de España y Francia en demanda de ayuda. En Inglaterra había animadversión contra México porque no se había respetado su legación; Francia y España tenían reclamaciones, entre ellas el pago de la deuda Jecker, contraída por Miramón. Entonces, los gobiernos de los tres países se pusieron de acuerdo y sus representantes firmaron en Londres, el día 31 de octubre de 1861, un contrato para intervenir en México y asegurar el pago de sus créditos; pretendían ocupar las aduanas para recoger los dineros que se les adeudaban y, con ello, respetar la integridad del territorio mexicano y del gobierno constituido. Para guardar las apariencias, se invitó a los Estados Unidos a intervenir en la empresa, pero el gobierno norteamericano se rehusó.

De acuerdo con el convenio de Londres, los ingleses mandaron algunas tropas de marina para ocupar las aduanas al mando del comodoro Dunlop y como comisario Sir Carlos Wyke. Los franceses venían a las órdenes del almirante Jurien de la Graviére y traían como encargado de las negociaciones al embajador Dubois de Saligny; y los españoles traían como jefe y comisario al general Juan Prim. El 8 de diciembre de 1861 llegaron a Veracruz los españoles y ocuparon la ciudad, la cual fue abandonada por la guarnición mexicana para que no hubiera pretexto a la intervención. Franceses e ingleses llegaron unos días después. Los representantes extranjeros formularon un ultimátum exigiendo el pago de sus deudas al que Juárez contestó con una invitación para llegar a un arreglo amistoso. Los plenipotenciarios extranjeros aceptaron y el gobierno mexicano comisionó a don Manuel Doblado para tratar con ellos. La entrevista se llevó a cabo el 19 de febrero de 1862 en la pequeña población de la Soledad.

Doblado logró que los intervencionistas reconocieran al gobierno de Juárez; que declararan su respeto a la integridad y a la independencia, mediante la autorización del gobierno mexicano para que sus tropas ocuparan transitoriamente las ciudades de Tehuacán, Córdoba y

Orizaba. En caso de que se rompieran las relaciones, las tropas regresarían a Veracruz. Pero a principios de marzo, Francia empezó a enseñar su verdadero juego. El pequeño destacamento a las órdenes del almirante Jurien fue reforzado por toda una brigada, que llegó a Veracruz el 6 de marzo de 1862, a las órdenes del general Conde de Lorencez, alojándose en Tehuacán. Junto con de Lorencez llegaron algunos conservadores mexicanos, encabezados por el general Juan N. Almonte, quien se proclamó jefe supremo de la nación. El gobierno mexicano pidió al representante francés que reembarcara a los conservadores porque venían a complicar gravemente las cosas. De Saligny se negó a ello. Pero los representantes de Inglaterra y de España dándose cuenta que Napoleón III tenía otras miras que las estipuladas en el Tratado de Londres, rompieron el compromiso. El general Prim declaró que España no apoyaba la idea de intervenir en la política mexicana y derrocar a Juárez.

Españoles e ingleses embarcaron y se retiraron, mientras que los franceses se negaron a retroceder a Veracruz, según lo convenido; el general de Lorencez ordenó avanzar al interior del país a sus seis mil soldados, perfectamente armados y equipados, a quienes se les unieron las partidas de conservadores al mando de Leonardo Márquez, tan desprovistas de todo, que fueron objeto del menosprecio de los franceses, avanzando éstos a Orizaba y de ahí a Acultzingo, en donde fueron atacados por el general Zaragoza para detenerlos; como no lo logró; retrocedió a Puebla a preparar la defensa. Una vez frente a Puebla y sin tomar las precauciones debidas, de Lorencez atacó las posiciones de Loreto y Guadalupe, dos pequeños fuertes que defendían Puebla. Las columnas de asalto francesas fueron repetidamente rechazadas el 5 de mayo de 1862, sufriendo serias pérdidas y retirándose finalmente hacia Orizaba. Los franceses fueron derrotados por las tropas mandadas por el general Zaragoza, quien tenía a sus órdenes a los generales Miguel Negrete, Francisco Lamadrid, Porfirio Díaz, Felipe Berriozábal y otros. El parte rendido por Zaragoza a Juárez decía: "Las armas nacionales se han cubierto de gloria. Las tropas francesas se portaron con valor en el combate y su jefe con torpeza."

La batalla del 5 de mayo tuvo gran repercusión mundial y despertó grandes simpatías por la causa de México en toda América y en los sectores liberales europeos. La misma prensa francesa censuraba a Napoleón y pedía el retiro de las tropas. Pero el emperador de los franceses dispuso el envío de más efectivos, aumentando su número a 31 000 soldados con 50 cañones, a las órdenes del general Elías Federico Forey quien traía órdenes de tratar a México como país conquistado y que el gobierno provisional de Almonte debía quedar bajo las órdenes del mando francés.

El general Zaragoza murió de fiebre tifoidea en septiembre de 1862, quedando en su lugar el general Jesús González Ortega quien concentró en Puebla 20 000 hombres, dedicados a fortificar la plaza para esperar un nuevo ataque de los franceses que en número de 30 000 le pusieron sitio, auxiliados por algunas fuerzas conservadoras. El sitio empezó el 16 de marzo de 1863 y fue valerosamente resistido por la guarnición mexicana, teniendo los sitiadores que ir tomando calle por calle y casa por casa. Sin embargo, los sitiados empezaron a carecer de material de guerra y de alimentos; entonces, el general Comonfort, quien se había presentado con Juárez para ofrecerse a defender a la patria, recibió el mando

de una columna, con la misión de hacer entrar abasteci-
mientos a la plaza sitiada, pero fue completamente derrotado por el enemigo en la hacienda de San Lorenzo,
perdiéndose toda esperanza de auxilio.

Agotados todos los medios de defensa y después de
sesenta y dos días de sitio, el general González Ortega,
de acuerdo con sus jefes y oficiales, resolvió capitular,
sin pedir garantías; ordenó se destruyeran el armamento
y las municiones restantes; se disolvieron las tropas y
envió una nota al jefe francés explicando el por qué de su
rendición. Los jefes y oficiales quedaron prisioneros, pero
fueron bien tratados hasta que se negaron a firmar un
documento que los comprometía a no volver a levantar
armas contra el ejército francés; con excepción de algunos que lograron fugarse, como Porfirio Díaz y González
Ortega, los demás fueron llevados a Francia.

El camino a la capital había quedado libre para los
franceses; el gobierno mexicano resolvió salir de México
el día 3 de mayo para trasladarse a San Luis Potosí.
Pero inmediatmente después el general Bruno Aguilar,
comandante de la guarnición de la capital, se puso a las
órdenes de Forey, quien expidió un manifiesto en el que
desconocía al gobierno presidido por Juárez, aunque man-
tenía en vigor las Leyes de Reforma. Esto contrarió a
los conservadores.

El Segundo Imperio

Forey dispuso se reuniera una Junta Provisional de
Gobierno para encargarse del Poder Ejecutivo, siendo
designados los generales Almonte y Mariano Salas y el
arzobispo Pelagio de Labastida, quienes se apresuraron
a formar una Junta de Notables con doscientos cincuenta

miembros escogidos por ellos; de inmediato aprobaron, en julio de 1863, que la nación adoptaba la forma de gobierno monárquica con el nombre de Imperio Mexicano. Se ofreció la Corona al Archiduque Maximiliano de Austria y se nombró una comisión para ir a Europa a dar las gracias a Napoleón III y a hablar con el Archiduque, quien vivía retirado en su castillo de Miramar, cerca de Trieste, Italia, en compañía de su esposa, la Princesa Carlota Amalia de Bélgica. En la entrevista con la comisión mexicana, Maximiliano declaró estar dispuesto a aceptar el trono de México, siempre y cuando fuera la voluntad de la mayoría del pueblo. Entre tanto, el ejército francés, auxiliado por las fuerzas aliadas mexicanas, había ido avanzando por el interior del país, mientras que el gobierno de Juárez se retiraba al norte. El general Forey, ascendido a mariscal, entregó el mando al general Elías Aquiles Bazaine, quien dispuso continuar la campaña para ocupar el país. En todas las ciudades que caían en poder de los franceses, se recogían firmas de adhesión que fueron remitidas a la comisión mexicana de Europa, haciéndole creer a Maximiliano que contaba con la mayoría del pueblo mexicano, quien aceptó y nombró su gabinete con los miembros más prominentes del Partido Conservador.

Maximiliano firmó con el Imperio Austriaco la renuncia a sus derechos al trono, y con Napoleón III el Tratado de Miramar, por el que Francia se comprometía a mantener un ejército de veinticinco mil hombres durante seis años, mientras que el Imperio Mexicano organizaba sus propias tropas. Este a su vez, se comprometía a pagar al tesoro francés una cantidad enorme por los gastos de guerra, el sostenimiento de las tropas y el pago con intereses de un cuantioso empréstito. Al mismo tiempo,

Maximiliano reconocía la deuda Jecker y otras obligaciones, así como también se comprometía a seguir los lineamientos de una política liberal, según el manifiesto de Forey. En la entrevista que tuvo Maximiliano en Roma con el Papa Pío XI, no cambió en nada la política liberal que habían seguido los gobiernos federalistas mexicanos.

Maximiliano y Carlota embarcaron en Trieste, y luego de una tranquila navegación llegaron al puerto de Veracruz en mayo de 1864, siendo recibidos fríamente. Continuaron el viaje a la ciudad de México en donde el pueblo y las autoridades los recibieron con gran júbilo. Maximiliano contaba para sostenerse en el poder con un ejército de 63 000 hombres, de los cuales 35 000 eran extranjeros (franceses, austriacos y belgas) y 28 000 mexicanos.

Los franceses y sus aliados avanzaron al norte, quedando en su poder las plazas de Guadalajara, Durango y Mazatlán. Monterrey, Saltillo y Matamoros, en manos de la división Mejía, colaborador de los intervencionistas. Por su parte, las armas republicanas seguían en campaña, principalmente los generales Porfirio Díaz, en el sur y Antonio Rosales en el noroeste. En cambio, los generales José López Uraga, Tomás O'Horan y Santiago Vidaurri y hasta el mismo Florencio Villarreal, el del Plan de Ayutla, reconocieron al Imperio.

Contrariando a los conservadores, Maximiliano nombró un gabinete de tendencias liberales con Velázquez de León, Juan de Dios Peza, Fernando Ramírez y otros. Maximiliano y Carlota se dedicaron a organizar una corte suntuosa, a embellecer el Castillo de Chapultepec y a realizar gastos innecesarios para esos momentos, en manifestaciones artísticas y culturales muy caras, en vez de

La ley reformista conocida como "Ley Juárez" fue expedida por el presidente Benito Juárez el 23 de noviembre de 1855.

gastar el dinero para organizar un ejército propio y despedir al francés. Los conservadores estaban disgustados con Maximiliano porque se mostró partidario de las Leyes de Reforma y las hizo respetar. Ordenó que toda comunicación del clero con el Vaticano pasase antes por una censura del gobierno. El nuncio Papal, monseñor Meglia no quiso ya hablar con Maximiliano y el clero mexicano le empezó a dar tenaz batalla.

El general Bazaine, ascendido a Mariscal de Francia, hizo creer a Maximiliano que Juárez y su gobierno, finalmente establecidos en Paso del Norte, habían huido a los Estados Unidos, y que quienes seguían sobre las armas eran bandidos, merecedores de fusilamiento. Maximiliano firmó la ley del 3 de octubre, inmediatamente aplicada a muchos jefes que cayeron prisioneros, como los generales Arteaga y Salazar, ejecutados en Uruapan.

La situación de Napoleón III era demasiado crítica. El reino de Prusia, dirigido por Bismark, amenazaba a Francia. En los Estados Unidos había terminado la Guerra de Secesión y el Ministro norteamericano de Relaciones manifestó a Napoleón que su país exigía el inmediato retiro de las tropas francesas de México. Ante tales amenazas, el Emperador resolvió retirar sus soldados en 1866, sin cumplir el Tratado de Miramar. Cuando se enteró de esto Maximiliano, quiso abdicar porque no tendría apoyo, pero la Emperatriz Carlota lo convenció de desistir. Ella se encargaría de arreglar los asuntos en Europa, yendo a las Tullerías a exigir el cumplimiento del tratado. En efecto, tuvo dos entrevistas con Napoleón, pero éste se negó a dejar sus tropas en México. Carlota marchó luego a Roma para solicitar la ayuda del Papa, mas allí sufrió el primer ataque de locura. Su hermano fue por ella y la condujo a Bélgica, en donde vivió hasta 1927, sin jamás recobrar la razón.

Enterado de la enfermedad de su esposa, Maximiliano resolvió abdicar e irse junto con las últimas tropas francesas. Salió de México hacia Orizaba, en donde recibió una carta de su hermano el Emperador Francisco José, que le prohibía la entrada a sus dominios; y la Emperatriz Sofía, su madre, le indicaba que debería sepultarse en las ruinas del Imperio Mexicano antes que regresar derrotado. Viéndose abandonado de los franceses que salieron de Veracruz del 8 de diciembre de 1866 al 11 de marzo siguiente, Maximiliano resolvió aliarse con los conservadores y reorganizar el ejército imperial, al frente del cual puso a los generales Méndez, Mejía, Miramón y Márquez.

Triunfo de la República

En Paso del Norte, Juárez fue reconocido como Presidente de la República por todos los jefes liberales, pero a punto de terminar su periodo gubernamental, en noviembre de 1865 expidió un decreto mediante el cual prorrogaba sus funciones como jefe del Poder Ejecutivo, por encontrarse el país en estado de guerra. Aunque la mayoría del Partido Liberal estuvo de acuerdo, muchos jefes, encabezados por González Ortega, protestaron por lo que calificaron un "golpe de Estado", una violación a la Constitución de 1857.

A medida que los franceses iban abandonando las plazas del norte, las tropas republicanas ocuparon Chihuahua, Saltillo, Guaymas, Mazatlán y Zacatecas en donde Juárez estableció su gobierno. Por su parte, Miramón atacó y tomó Zacatecas, y estuvo a punto de hacer prisionero a Juárez y a su gabinete, pero después sufrió una derrota en San Jacinto, Aguascalientes perdiendo muchos de sus efectivos. Maximiliano resolvió marchar a Querétaro, en donde concentró a sus tropas, mandadas por los generales Miramón, Mejía, Márquez y Méndez. Los republicanos avanzaron sobre dicha plaza divididos en dos ejércitos, a las órdenes de los generales Ramón Corona y Mariano Escobedo, que asaltaron las posiciones imperialistas, siendo rechazados con grandes pérdidas. Pero Maximiliano, considerando que necesitaba más tropas, comisionó al general Leonardo Márquez para dirigirse a la ciudad de México en busca de refuerzos; cuando llegó, se enteró que el general Porfirio Díaz sitiaba Puebla; entonces marchó en auxilio de aquella plaza, la cual cayó en poder de Díaz el 2 de abril de 1867. Márquez quiso retroceder pero fue alcanzado por los republicanos de Díaz en la hacienda de San Lorenzo, y, derrotado completamente, perdiendo los refuerzos que podía haber llevado a Querétaro.

Cuando se supo en Querétaro la derrota de Márquez, Maximiliano dispuso se entregara la plaza, con la seguridad de que al rendirse se le perdonaría la vida y podría regresar a Europa. El coronel López, ayudante de Maximiliano, entregó la posición del Convento de la Cruz y por allí entraron los republicanos, mientras que Maximiliano se retiraba al Cerro de las Campanas, en donde se entregó prisionero al general Corona; éste lo condujo ante el general Escobedo, quien lo mandó preso al convento de las Capuchinas, mientras se resolvía su suerte. El gobierno de la República ordenó se le instruyera un consejo de guerra de acuerdo con la ley que lo juzgó, junto con los generales Miramón, Mejía y Méndez, sentenciándolos a muerte. El primero en ser fusilado fue Méndez, después y a pesar de las muchas gestiones que se hicieron para salvarles la vida, el 19 de junio de 1867, fueron fusilados en el Cerro de las Campanas, Maximiliano, Miramón y Mejía.

Márquez, sitiado en México por el general Porfirio Díaz, logró escapar, dejando la plaza al mando del general Ramón Tavera, quien se rindió el 20 de junio, entrando las tropas republicanas al mando de Porfirio Díaz al día siguiente. Los generales Santiago Vidaurri y Tomás O'Horan, que habían sido hechos prisioneros, fueron fusilados por orden de Juárez. Así, con la toma de la ciudad de México, se consumó el triunfo de la República sobre el efímero Imperio de Maximiliano.

El Gobierno de Juárez

El Presidente Juárez, que con tanta energía había defendido la causa de la República y de la patria, entró en la capital el 15 de julio de 1867, restableciendo los supremos Poderes de la Unión. Pero aunque el triunfo había sido completo, el país se encontraba en pleno desorden y pobreza; consecuentemente, el Presidente Juárez se avocó a la tarea inmediata de rehacer al país organizando la administración pública y reestructurando al ejército, lo cual produjo el descontento de muchos jefes que quedaron sin mando de tropas, convirtiéndose en enemigos del gobierno.

Como ya se ha dicho, el periodo constitucional del gobierno de Juárez había terminado desde 1865, durante la guerra; entonces, para regular el régimen político, convocó a elecciones para Presidente de la República y para los otros Poderes de la Unión. A partir de ese momento, el antiguo Partido Liberal se dividió en tres grupos: los Juaristas, los Lerdistas y los Porfiristas. Efectuadas las elecciones, resultó Presidente de la República el licenciado Juárez, para el periodo 1867-1871, y el licenciado Lerdo de Tejada quedó como Presidente de la Suprema Corte de Justicia. Mas el resultado de las elecciones dio lugar a que se sublevaran en San Luis Potosí dos generales, desconociendo al gobierno de Juárez, pero fueron derrotados por el general Gerónimo Treviño. En 1870 se levantó en armas el general Trinidad García de la Cadena en Zacatecas, y en Aguascalientes, el general José Toledo, siendo derrotados por las tropas del gobierno a las órdenes del general Sóstenes Rocha.

Resultaba imposible llevar a cabo obras públicas de importancia, porque el dinero de las recaudaciones apenas alcanzaba para cubrir los gastos más necesarios de la administración. Sin embargo, se inició el vasto programa de la Reforma: se estableció la enseñanza laica, con profesores civiles pagados por los municipios; se fundó la Escuela Preparatoria con las bases positivistas traídas por el doctor Gabino Barreda; se otorgó a don Antonio Escandón la concesión de terminar el ferrocarril de México a Veracruz, y pronto el Presidente Juárez inauguró el tramo de México a Puebla. Se reglamentaron algunas leyes y se estableció el juicio de amparo. Pero cuando la gestión del gobierno presidido por Juárez llegaba a su fin, el grupo formado por sus partidarios trabajaba activamente para su reelección, mientras que Lerdistas y Porfiristas hacían lo propio, preparándose para la lucha electoral. Aprovechándose del puesto que desempeñaba y de su prestigio personal, el ministro Lerdo de Tejada formó un fuerte partido, mientras que el general Porfirio Díaz contaba con muchas simpatías, como héroe de la guerra contra la Intervención Francesa y el Imperio. No tardaron en producirse levantamientos en contra de la reelección de Juárez, en Tampico, en Monterrey y en La

Ciudadela de México, pero todos fueron sangrientamente reprimidos por el general Sóstenes Rocha.

El Plan de la Noria. Muerte de Juárez

Verificadas las elecciones, en el recuento de votos se encontró que ninguno de los candidatos había obtenido mayoría, por lo que el Congreso, obrando parcialmente, declaró Presidente para un nuevo periodo al licenciado don Benito Juárez, suceso que produjo la rebelión de los Porfiristas del norte y del occidente; generales Gerónimo Treviño, García de la Cadena, Donato Guerra y Juan N. Méndez. Entonces, el general Díaz proclamó el "Plan de la Noria", en su pequeña hacienda de Oaxaca, así llamada, que desconocía al gobierno de Juárez; pero a pesar de algunos triunfos, finalmente Díaz fue derrotado y obligado a marchar al norte de la República.

Así estaban las cosas en el país cuando el 18 de julio de 1872 murió el Presidente Juárez de una angina de pecho. Con la muerte del patricio terminaba la causa de la rebelión y el nuevo gobierno, presidido por el licenciado Sebastián Lerdo de Tejada, publicó la ley de amnistía, excepción hecha de los imperialistas, y casi todos los sublevados se sometieron, hasta el mismo Porfirio Díaz.

Gobierno de Lerdo. El Plan de Tuxtepec

En el territorio de Tepic campeaba un cacique llamado Manuel Lozada, conocido como el "Tigre de Alica", antiguo imperialista, quien desconoció al gobierno de Lerdo y proclamó un plan de contenido agrario. Avanzó sobre Guadalajara con cientos de indígenas huicholes y coras, más o menos bien armados, que fueron finalmente derrotados por los soldados federales y las milicias mandadas por el general Ramón Corona, logrando hacer prisionero a Lozada en la Mohonera, Jalisco; ahí fue juzgado militarmente y fusilado, terminando así aquella constante amenaza en el occidente.

En 1873 el Presidente Lerdo inauguró la línea completa del ferrocarril de México a Veracruz; entonces se presentaron ante el gobierno mexicano dos compañías ferrocarrileras norteamericanas para proponer la construcción de un ferrocarril que uniera la ciudad de México con el Paso del Norte; pero el Presidente Lerdo no aceptó por temor a la intromisión de la influencia norteamericana en el país, prefiriendo la construcción de una red interior con ayuda de capital inglés.

Como Lerdo se mostraba intransigentemente anticlerical, expulsando sacerdotes extranjeros y clausurando conventos de religiosas, provocó una rebelión "cristera" en Michoacán e inquietudes en todo el país, por lo que tuvo que enmendar su política y hacerla condescendiente. Sin embargo, Lerdo se había enemistado con liberales y conservadores, pues a pesar de ser muy culto e inteligente, tenía un carácter inflexible y soberbio. Sus partidarios encontraron serios problemas para preparar su reelección. Desde el año de 1876, algunos jefes militares se levantaron en armas contra el gobierno de Lerdo, que había sido reelecto en forma un tanto arbitraria.

En enero de 1876, el jefe político de Tuxtepec se sublevó contra el gobernador de Oaxaca, pero luego el general Fidencio Hernández, con las milicias serranas proclamó el "Plan de Tuxtepec", desconociendo al gobierno de Lerdo y nombrando jefe del movimiento al general Porfirio Díaz. La rebelión fue secundada en muchos lugares del país, mientras que el general Díaz marchaba a

Matamoros, Tamaulipas, para preparar la rebelión con la ayuda del general Manuel González. Díaz proclamó un manifiesto en Palo Blanco, Tamaulipas, en el cual establecía el principio de "No Reelección"; pero Díaz y sus partidarios fueron derrotados en Icamole, Nuevo León, en mayo de 1876, por las tropas federales a las órdenes del general Carlos Fuero. Díaz resolvió entonces marchar al sur, en donde era muy conocido, y desembarcó en Veracruz para luego marchar a Oaxaca.

El licenciado don José María Iglesias, Presidente de la Suprema Corte de Justicia, declaró que la elección de Lerdo había sido ilegal y que a él correspondía el Poder Ejecutivo, saliendo a Salamanca, donde el gobernador de Guanajuato le ofreció asilo.

Lerdo mandó tropas a las órdenes del general Alatorre a combatir a los porfiristas, que se encontraban a las órdenes de su jefe en la hacienda de Tecoac, Tlaxcala; ahí prácticamente fueron derrotados, pero con la ayuda del general González resultaron vencedores. Díaz ocupó la ciudad de Puebla, de donde se puso en marcha con sus tropas para la ciudad de México. Cuando Lerdo advirtió que la revolución triunfaba por todas partes, resolvió salir del país embarcando en Acapulco, acompañado del general Mariano Escobedo y otros partidarios con rumbo a los Estados Unidos, en donde estuvo hasta su muerte en 1889.

Así, el general Díaz con sus tropas entró a la capital en donde tomó posesión de la Presidencia en forma interina, mientras se convocaba a elecciones. Como el Ministro Iglesias se había negado a reconocer el Plan de Tuxtepec, sus partidarios lo abandonaron para reconocer al nuevo gobierno; entonces Iglesias se embarcó en Manzanillo para ir a residir a los Estados Unidos.

El Régimen Porfirista

El general Díaz se encargó provisionalmente del Poder Ejecutivo en febrero de 1877, ocupándose en reorganizar la administración pública y expidiendo la convocatoria para elegir a los supremos Poderes de la Unión. Verificadas las elecciones, el Congreso lo declaró Presidente Constitucional durante el periodo comprendido entre el 5 de mayo de 1877 al 30 de noviembre de 1880.

En 1878, el general Escobedo volvió al país para levantarse en armas, proclamando a Lerdo como Presidente, pero fue derrotado, hecho prisionero y puesto en libertad por orden de Díaz. En 1879, también se levantó en armas la tripulación del barco de guerra "Libertad", en el puerto de Alvarado, Veracruz; el gobernador, general Manuel Mier y Terán, encontró ramificaciones en el puerto e hizo detener al doctor Albert y a otras personas complicadas y por órdenes del Presidente Díaz, —aunque esto no está comprobado, pues Mier y Terán murió en un manicomio— los hizo fusilar.

Díaz formó un gabinete liberal con Ignacio Ramírez, Ignacio Vallarta, Vicente Riva Palacio y Justo Benítez, quienes siguieron la política de unificar al país, agregando a la Constitución del 57 el principio de la No Reelección para los Poderes Federales y para los gobernadores. En el aspecto internacional, el gobierno de Díaz reanudó las relaciones con Francia en noviembre de 1880, declarando ambos gobiernos que no había ninguna reclamación de por medio.

El Gobierno del General Manuel González

Al terminar el periodo gubernamental del general Porfirio Díaz, se formaron varios grupos políticos, de los cuales los más importantes fueron dos: el que postulaba al general Manuel González y el del licenciado don Justo Benítez. Resultó electo el general González, quien se ocupó de resolver el problema de la deuda inglesa, manejada directamente por el gobierno y no por funcionarios poco escrupulosos. Guatemala presentó un alegato internacional sobre sus derechos al Soconusco que fue sorteado hábilmente por el gobierno mexicano y para evitar la salida de plata amonedada, el gobierno de González estableció la moneda menor de níquel, medida que produjo gran escándalo. González reorganizó al ejército, limitando sus efectivos y dotándolo de armamento moderno, así como estableciendo el primer Código Militar con su ordenanza. También se reformó la Constitución, retirando al Presidente de la Suprema Corte la facultad de sustituir al Ejecutivo en sus faltas y delegando dicha atribución al Congreso. González dio entrada al capital extranjero que fundó varios Bancos, como el Nacional de México y el Mercantil Mexicano, y se presentaron va-

Durante el régimen Porfirista se realizaron frecuentes despojos de tierras pertenecientes a campesinos e indígenas.

rios proyectos para la extensión de líneas telegráficas, construcción de ferrocarriles y el establecimiento de la energía eléctrica.

La Dictadura Porfirista

Terminada su gestión, González convocó a elecciones y surgió entonces como Presidente Constitucional, por segunda vez, el general Porfirio Díaz, quien ya había madurado todo un programa para hacer progresar a la nación, sobre la base de la "conciliación". Los Lerdistas y los viejos militares rebeldes recibieron distinciones y empleos; apareció un nuevo grupo político de jóvenes formados en las ideas positivistas, a los que el pueblo llamó los "Científicos", imbuidos en las ideas del progreso, en alianza con el capitalismo extranjero que ayudarían al país en su desarrollo. De esta manera se formaron dos grupos: el de los "Científicos" y el de los militares, pero éstos fueron perdiendo terreno debido a su edad, o porque se retiraron a la vida privada.

Al terminar el segundo periodo presidencial del general Díaz, se reformó la Constitución de 1857 para reelegirlo por una sola vez, destruyendo así el principio de "No Reelección" que precisamente había servido de lema en la revolución de Tuxtepec contra Lerdo. Y a partir de entonces, Díaz continuó indefinidamente hasta el estallido de la revolución, en 1910.

El gobierno del general Díaz, muy prolongado, fue de paz y de progreso. Todo intento de rebelión fue reprimido con energía y a veces con crueldad. Pero a pesar de ello, no faltaron algunos brotes de sublevación de indios y campesinos despojados de sus tierras, que protestaban contra los abusos de los terratenientes protegidos por la dictadura. Los indios yaquis y los habitantes de la sierra de Chihuahua se rebelaron contra el despojo de sus tierras, pero fueron combatidos con dureza.

Para reelegir indefinidamente al Presidente Díaz se reformó la Constitución volviendo a su texto original que nada decía sobre la reelección. Al iniciar su cuarta etapa de gobierno, el país estaba hundido en una seria crisis económica por la depreciación de la plata, por malas cosechas y por una revaluación de la moneda extranjera, mas esta crisis fue superada por la gran habilidad del Ministro de Hacienda, el licenciado José Y. Limantour, quien cobró gran prestigio y quedó al frente del poderoso grupo político de los "Científicos", formado por hombres ricos e ilustrados como Francisco Bulnes, Pablo Macedo, Joaquín Casasús y otros.

Al terminar su quinto periodo, el general Díaz se quiso retirar de la vida política, dejando la Presidencia a Limantour y la Vicepresidencia al general Bernardo Reyes, jefe del grupo de militares. Los enemigos de Limantour hicieron resaltar su origen extranjero, y los "Científicos", como venganza, acusaron a Reyes de ser enemigo del general Díaz. Esa situación hizo que ya para entonces don Porfirio hubiese resuelto continuar en la Presidencia, ordenando que Reyes dejara la Secretaría de Guerra y regresase al gobierno del Estado de Nuevo León, en el que había hecho un brillante papel.

Para las nuevas elecciones de 1904 se presentó como candidato único el general Díaz; los "Científicos" habían logrado una nueva enmienda a la Constitución creando la Vicepresidencia, para la cual postularon a una oscura personalidad como era la del rico terrateniente sonorense don Ramón Corral, quien velaría por los intereses de su partido.

En 1908 el Presidente Díaz concedió una entrevista al periodista nortermericano James Creelman, quien le confió la creencia que el pueblo mexicano ya estaba maduro para ejercer sus derechos cívicos y que no vería mal la fundación de un partido de oposición, al que apoyaría para establecer un gobierno democrático, y que él no deseaba continuar en el poder.

Desde 1900 el ingeniero Camilo Arriaga había fundado en San Luis Potosí el Partido Liberal, con el único fin de pedir que la Constitución fuese respetada en su laicismo. Sin embargo, en 1901 se reunió el primer Congreso Liberal Mexicano al que asistieron los hermanos Flores Magón, Juan Sarabia, Librado Rivera, Manuel Avila y otros muchos, quienes le dieron otro cariz estableciendo demandas sociales y económicas en favor de la clase obrera. (Salario mínimo, pensión a obreros ancianos, jornada de ocho horas, prohibición del trabajo infantil, etc.). Entonces, el gobierno prohibió una segunda reunión del Congreso en 1902.

La Revolución Maderista

La Toma de Ciudad Juárez

En 1909 y bajo la presidencia del licenciado Benito Juárez Maza, se organizó el Partido Democrático, que pretendía una evolución pacífica para cambiar el régimen dictatorial por el imperio de la Constitución, la moralización de la justicia, el fomento a la educación pública y otros beneficios para el pueblo; pero muchos de los miembros del Partido Democrático aceptaban la repostulación del general Díaz siempre y cuando fuera Vicepresidente el general Reyes, a lo que don Porfirio se opuso. Los miembros del partido Reyista se afiliaron al Partido Antirreleccionista, formado en 1909 también, bajo la dirección de los señores Francisco I. Madero, Francisco Vázquez Gómez, su hermano Emilio y otros muchos más. Este partido postulaba el principio del "Sufragio Efectivo y la No Reelección"; llevó a cabo en la ciudad de México una convención en abril de 1910, en la que se pusieron de acuerdo los partidarios para postular a la Presidencia a Madero. El programa de este partido estaba basado solamente en postulados políticos, careciendo de los de orden económico y social de beneficio para las clases trabajadoras. Madero publicó un libro en 1908, intitulado *La sucesión presidencial en 1910,* en el que invitaba al pueblo a tomar parte en la lucha electoral, pero respetando la candidatura del general Díaz y sólo luchando por la vicepresidencia en forma pacífica.

Madero y su partido se mostraron muy activos recorriendo todo el país en una intensa gira propagandística que obtuvo miles de adictos; viendo el gobierno su peligrosidad, mandó aprehender a Madero y a Roque Estrada en Monterrey, el 6 de junio, remitiéndolos presos a San Luis Potosí, acusados de rebelión y ultraje a las autoridades. Pero el 26 de ese mismo mes, el general Díaz fue reconocido como Presidente y don Ramón Corral como Vicepresidente, para el periodo que terminaría el 30 de noviembre de 1910. Pasadas las elecciones, Madero y Estrada fueron puestos en libertad caucional, escapando luego a San Antonio, Texas, en donde se les unieron Roque González Garza, Aquiles Serdán, Juan Sánchez Azcona y otros; entre todos redactaron el "Plan de San Luis Potosí", contra las elecciones fraudulentas de Díaz y de Corral, proclamando el principio del Sufragio Efectivo y de la No Reelección, declarando a Madero Presidente Provisional, planteando la solución de problemas agrarios e invitando a la nación a levantarse en armas el domingo 20 de noviembre para arrojar del poder al general Díaz.

Cuando regresó a Puebla don Aquiles Serdán, fue mandado aprehender por el gobernador. Hizo resistencia en su domicilio, acompañado de su familia, hasta que fue muerto por la tropa, convirtiéndose en la primera víctima de la guerra civil. En Chihuahua, don Abraham González levantó en armas a muchas gentes, entre ellas a Pascual Orozco, a Francisco Villa, a José de la Luz Blanco y a otros, que se unieron a Madero. Al saber de la revolución y su progreso, el general Díaz quiso arreglar las cosas proponiendo que se hicieran reformas para satisfacer a la opinión pública, pero el grito de los revolucionarios del norte fue secundado por Emiliano Zapata al frente de los campesinos del sur, quienes pedían "Tierra y Libertad" y la redención económica del peón. El 10 de mayo de 1911, la plaza de Ciudad Juárez cayó en poder de los revolucionarios, lo cual constituyó un golpe decisivo para el gobierno. Madero asumió la presidencia interina, formando su gabinete con los señores Francisco Vázquez Gómez, Gustavo A. Madero, Venustiano Carranza y José María Pino Suárez. Díaz hizo saber a los rebeldes que estaba dispuesto a negociar y a renunciar a la presidencia. Como Madero estuvo de acuerdo, el general Díaz mandó como su representante al licenciado Francisco León de la Barra, quien conferenció con Madero y su gabinete hasta ponerse de acuerdo y firmar los Tratados de Ciudad Juárez, mediante los cuales se aceptaban las renuncias del general Díaz y de don Ramón Corral; se encargaría interinamente de la presidencia el propio licenciado León de la Barra, quien convocaría a nuevas elecciones; se pagarían indemnizaciones por los perjuicios causados por la revolución y Madero renunciaba al poder que le había dado el Plan de San Luis; se suspendían todas las hostilidades y las fuerzas revolucionarias serían licenciadas. En efecto, el 25 de mayo renunciaron el Presidente Díaz y el Vicepresidente Corral. El día 26 salió Díaz de México rumbo a Veracruz para embarcar a Europa; residió en París hasta su muerte, el día 2 de julio de 1915.

Sin embargo, con De la Barra en la presidencia, el Porfirismo siguió en el poder. Con base en los Tratados de Ciudad Juárez se inició el desarme de las fuerzas revolucionarias; pero en el sur, Ambrosio Figueroa y Emiliano Zapata se negaron a entregar las armas hasta que se diera cumplimiento a los postulados agrarios del Plan de San Luis. Entonces, el gobierno envió al general Victoriano Huerta a someter a los zapatistas que presentaron resistencia, pero fueron derrotados en Cuautla, Yautepec, Villa de Ayala, etc.; sin dejar las armas, los rebeldes se remontaron a la sierra. En estas circunstancias, se llevaron a cabo las elecciones, resultando elegido popularmente, como nunca, don Francisco I. Madero para Presidente de la República, y en lugar de don Francisco Vázquez Gómez, postulado para Vicepresidente por el Partido Antirreeleccionista, fue electo el licenciado don José María Pino Suárez, lo cual produjo mucho descontento entre los antiguos maderistas. Tomaron posesión el 6 de noviembre de 1911, para un periodo que terminaría el 30 de noviembre de 1916. Pero el nuevo Presidente no entendió los problemas sociales del país; Madero era un hombre de nobles ideales, bien intencionado, pero se dejó ganar por los científicos, quienes lo convencieron de que la República no debía sufrir alteraciones; por ello, a pesar del triunfo de la revolución, el malestar popular no desapareció. Zapata pidió al Presidente Madero la expedición de una ley agraria que mejorara las condiciones del campesino, pero no fue atendido, por lo cual proclamó el Plan de Ayala, población del Estado de Morelos, el 28 de noviembre de 1911; en él se desconocía como Presidente de la República a Madero y en su lugar se proponía a Pascual Orozco o a Emiliano Zapata, en caso de que aquél no aceptase; se proponía la expropiación de tierras y aguas para formar ejidos, colonias y campos de labor, y continuar en rebelión hasta no conseguir sus propósitos.

Por su parte, el general Pascual Orozco, quien había prestado muy valiosos servicios a la revolución, decepcionado del gobierno de Madero se levantó en armas en Chihuahua y lo desconoció como Presidente de la República, en marzo de 1912, obteniendo algunos triunfos contra las tropas federales enviadas a combatirlo. El general Huerta fue enviado a Chihuahua a dirigir la campaña contra Orozco, logrando derrotarlo definitivamente en agosto de 1912.

Entre tanto, algunos jefes militares se habían puesto de acuerdo para derrocar a Madero. El general Bernardo Reyes se levantó en armas en Nuevo León, pero al no encontrar el menor apoyo, se entregó prisionero, siendo remitido a la prisión militar de Santiago Tlaltelolco, en México, para ser juzgado. En octubre de 1912 se sublevó con un batallón en Veracruz, el general Félix Díaz, proclamando el desconocimiento del gobierno de Madero, mas las tropas del gobierno recuperaron fácilmente la plaza, hicieron prisionero a Félix Díaz, quien fue juzgado y sentenciado a muerte, pero Madero ordenó que se suspendiera la ejecución y Díaz fue remitido a la Penitenciaría del Distrito Federal para revisar su proceso.

La Decena Trágica. Asesinato de Madero y Pino Suárez

Finalmente, el domingo 9 de febrero de 1913, los generales Manuel Mondragón y Gregorio Ruiz lograron sublevar a las tropas de la capital. Los generales Bernardo Reyes y Félix Díaz fueron puestos en libertad, quedando el primero como jefe de la rebelión y con una columna de sublevados marchó a Palacio, creyendo que la guardia le era adicta; pero el jefe de la guarnición. general Lauro Villar, ordenó hacer fuego, trabándose un combate en el que murió el general Reyes. El general Gregorio Ruiz fue aprehendido personalmente por el general Villar, quien resultó con un hombro herido. Muchas gentes del pueblo, que salían de misa de la catedral, fueron muertas en el tiroteo. Los rebeldes, rechazados de Palacio, se retiraron para hacerse fuertes en la Ciudadela. El Presidente Madero llegó a Palacio acompañado por sus ministros y ayudantes. Al ver herido al general Villar, lo felicitó y le ordenó que entregara la guarnición al general Victoriano Huerta. Los combates en las calles de la ciudad duraron diez días, destruyendo muchos edificios y casas particulares porque los sublevados a diario tiraban con artillería desde la Ciudadela hasta Palacio, las calles estaban llenas de atrincheramientos y cadáveres. Diputados y senadores aconsejaron a Madero que renunciara, pero el Presidente los rechazó enérgicamente. El general Ruiz, quien había quedado prisionero, fue fusilado en las cocheras de Palacio, sin seguirle juicio; no se ha podido precisar si por orden del Presidente o de su hermano Gustavo.

El embajador norteamericano, Mr. Henry Lane Wilson, quien desde un principio se mostró hostil a Madero, intervino para que se pusieran de acuerdo, en los salones de la embajada de los Estados Unidos, los generales Félix Díaz y Victoriano Huerta y así consumar la traición. Madero sería aprehendido por Huerta obligándolo a renunciar, éste ocuparía interinamente la Presidencia y convocaría a elecciones para apoyar a Félix Díaz. Huerta comisionó al general Aureliano Blanquet para poner en práctica el plan, el 18 de febrero de 1913. En efecto, Madero y Pino Suárez fueron aprehendidos en Palacio y obligados a renunciar a sus cargos, renuncias aceptadas de inmediato por el Congreso, recibiendo la Presidencia por ministerio de la ley, el licenciado Pedro Lascuráin, quien firmó dos documentos: el primero nombraba a Huerta Secretario de Relaciones, y el segundo contenía la renuncia del propio Lascuráin, la cual fue aceptada y de esta manera quedó consumada la usurpación. Huerta culminó la traición mandando asesinar a don Francisco I. Madero y al licenciado José María Pino Suárez en la madrugada del 22 de febrero de 1913 a espaldas de la Penitenciaría.

La Revolución Constitucionalista

Al asumir la Presidencia interina de la República el general Huerta, casi todos los gobernadores de los Estados declararon su adhesión; sólo el gobernador de Coahuila, don Venustiano Carranza, pidió a la Legislatura local expidiera un decreto desconociendo a Huerta; habiéndose roto el orden legal, la propia Legislatura lo invistió de plenos poderes para actuar en favor del restablecimiento de la vida política constitucional. Carranza invitó a los gobernadores de los Estados y a los jefes militares para seguirlo en un movimiento armado y derrocar al gobierno usurpador. El Estado de Sonora desconoció a Huerta y levantó tropas a las órdenes de los coroneles Alvaro Obregón, Salvalor Alvarado y otros que se unieron a Carranza.

Enarbolando la bandera de la legalidad, don Venustiano Carranza proclamó el Plan de Guadalupe, en la hacienda coahuilense del mismo nombre, que dictaba la formación del "Ejército Constitucionalista" el 26 de marzo de 1913, desconocía a Huerta como Presidente de la República y nombraba Primer Jefe del movimiento al propio Carranza, quien sería presidente interino al triunfo de la causa.

La campaña militar contra Huerta fue eminentemente popular, con ejércitos integrados por campesinos. En todas partes surgieron partidas rebeldes sublevadas, pero los núcleos importantes y triunfadores estuvieron dirigidos por los generales Francisco Villa, quien con la División del Norte se apoderó del Estado de Chihuahua, Durango y Zacatecas; Alvaro Obregón, quien consiguió grandes triunfos con el Cuerpo de Ejército del Noroeste en Sonora, Sinaloa, Nayarit y Jalisco, y Pablo González en Tamaulipas y Nuevo León. Los revolucionarios del sur, encabezados por Emiliano Zapata, reconocieron también el Plan de Guadalupe. El gobierno norteamericano, presidido por Wilson, no aceptó a la usurpación pues creía más fácil negociar sus grandes intereses con los revolucionarios; por ello, decidió actuar contra Huerta haciendo desembarcar la infantería de marina de algunos acorazados en el puerto de Veracruz, el 21 de abril de 1914, a pesar de la heroica defensa del pueblo y los alumnos de la Escuela Naval.

En la capital, el Presidente Huerta disolvió las Cámaras, en donde había muchos diputados de oposición, mandando asesinar al senador don Belisario Domínguez y a los diputados Serapio Rendón y Adolfo Gurrión. Pero los ejércitos constitucionalistas avanzaban triunfantes por todo el país; Huerta comprendió que era imposible contener su avance, reunió a la Cámara que él había formado, y ante ella presentó su renuncia el 15 de julio de 1914 siendo aceptada, recibiendo el Poder Ejecutivo

La Revolución Mexicana fue la consecuencia de los grandes problemas políticos y sociales que sufría el país.

el licenciado Francisco Carvajal, quien negoció con Carranza la terminación de la lucha. Carranza exigió la rendición del gobierno interino, por lo que Carvajal decidió abandonar la capital, dejando al general José Refugio Velasco la comisión de entregar la ciudad de México al Ejército Constitucionalista. En Teoloyucan, Estado de México, se firmó un convenio por el cual se rendía la capital y se disolvía el Ejército Federal. Las fuerzas constitucionalistas, al mando del general Alvaro Obregón entraron a México el 15 de agosto de 1914; pero apenas obtenido el triunfo, se produjo una escisión en el seno de las fuerzas revolucionarias, que se dividieron en carrancistas, villistas y zapatistas. El Primer Jefe del Ejército Constitucionalista asumió la Presidencia de la República, mas Zapata le hizo saber que sólo reconocería a un gobierno que asegurase el triunfo de los postulados del Plan de Ayala. Por otra parte, había surgido un distanciamiento fuerte entre Villa y Carranza, quien acusó a Villa de ambiciones personales y lo quiso relevar en el mando de la División del Norte. Entonces, Villa y sus tropas desconocieron a Carranza como encargado del Poder Ejecutivo. Carranza comisionó al general Obregón para que marchara al norte a conferenciar con Villa y así evitar el rompimiento, pero la misión fracasó, e inclusive Obregón estuvo a punto de ser fusilado.

Ante tal situación, Carranza organizó una Convención en la capital, el 1o. de octubre de 1914, formada por jefes militares y gobernadores que eran sus partidarios, a quienes entregó su renuncia como presidente interino, pero no le fue aceptada. Sin embargo, carrancistas, zapatistas y villistas estuvieron de acuerdo en celebrar una gran Convención en Aguascalientes para ponerse de acuerdo y evitar la pérdida de los frutos del triunfo de la revolución.

A la asamblea envió Carranza su renuncia condicional, siempre y cuando Villa y Zapata se retiraran a la vida privada; pero la Convención resolvió el cese de Carranza como Primer Jefe del Ejército Constitucionalista, encargado del Poder Ejecutivo, y de Villa como Comandante de la División del Norte, y nombró como Presidente Provisional al general Eulalio Gutiérrez. Sin embargo, Carranza desconoció los acuerdos de Aguascalientes y trasladó su gobierno a Veracruz, que días antes había sido desocupado por los marinos yanquis. Los Convencionistas entraron a México, en donde estableció su gobierno el general Gutiérrez, quien no pudo hacer valer su autoridad sobre Villa y Zapata, por lo cual abandonó la capital y marchó a San Luis Potosí con algunas pocas tropas que le eran adictas.

Carranza entregó el mando de las tropas al general Obregón, quien se puso en campaña a principios de 1915, ocupando Puebla y avanzando hacia la capital, evacuada por villistas y zapatistas. Reorganizando sus tropas y alistando nuevos elementos, entre ellos los "Batallones Rojos", proporcionados por la "Casa del Obrero Mundial", Obregón se puso en marcha hacia el centro del país, llegando a Celaya, Guanajuato en donde se encontró con el grueso de las tropas villistas; se libraron dos terribles batallas los días 6 y 7 de abril, en las que fue derrotado Villa, retirándose a León, en donde trató de hacerse fuerte. El general Obregón fue herido gravemente por un fragmento de granada en la hacienda de La Trinidad, cercana a León, por lo cual fue necesario amputarle el brazo derecho; dejó el mando de las tropas al general Manuel M. Diéguez, quien terminó de derrotar a los villistas. Villa se retiró al norte con pocos elementos, con los que llevó una activísima "guerra de guerrillas", desde Sonora hasta Coahuila, cometiendo depredaciones y teniendo en sobresalto a todas las poblaciones fronterizas.

El gobierno de Carranza fue reconocido como legal por los Estados Unidos y otras naciones; recuperado casi todo el país, el Presidente Carranza decidió trasladar su gobierno a la ciudad de Querétaro el 2 de febrero de 1916, y convocó a un Congreso Constituyente para formular una nueva Constitución que rehiciera la vida del país.

El Congreso se instaló el 1o. de diciembre de 1916; se apreciaba en su integración dos grupos políticos: el renovador y el radical. Las discusiones fueron a veces apasionadas y violentas, pero se consolidaron los preceptos constitucionales, incluyendo principios de reforma social y derechos en favor de los campesinos y los obreros. Finalmente, la nueva Constitución fue jurada el 5 de febrero de 1917.

En 1916, cuando los Estados Unidos reconocieron al gobierno presidido por Carranza, Villa trató de crear conflictos internacionales, cruzando la frontera y atacando la población americana de Columbus, Nuevo México. El gobierno norteamericano comisionó al general John J. Pershing para que al mando de tropas entrara a México a perseguir a Villa, hasta lograr su captura. El gobierno mexicano protestó por la violación a la soberanía nacional, ordenando a las tropas mexicanas que detuvieran el avance de las columnas norteamericanas. En Villa Ahumada, Chihuahua, se supo de la presencia de un destacamento norteamericano en un lugar llamado El Carrizal, por lo que el general Félix U. Gómez pidió a su comandante que se retirara, pero éste se negó, librándose entonces un combate en el cual perdió la vida el general mexicano; la situación fue reconsiderada por los Estados

Unidos, que ordenó a sus tropas salir de México, sin haber logrado hacer prisionero a Villa.

De acuerdo con la Constitución, se hicieron elecciones para Presidente de la República, resultando electo Carranza, quien tomó posesión de su cargo el 1o. de mayo de 1917 para el periodo constitucional que debía terminar el 30 de noviembre de 1920.

A pesar de que el gobierno de Carranza en Veracruz expidió, en diciembre de 1914, varias leyes para el beneficio de campesinos y obreros, como la de "Restitución y Dotación de Ejidos", del 6 de enero de 1915, Zapata permaneció en estado de rebelión sin transigir nunca, conservando su "Ejército Libertador" una amplia zona agrícola, en donde se habían repartido tierras a los campesinos. Ante tanta resistencia, Carranza comisionó al general Pablo González para que acabara con Zapata. González encargó la misión al coronel Jesús Guajardo quien recurrió a la traición, pues simulando distanciamiento con Carranza, creó confianza en Zapata y le preparó una emboscada en San Juan Chinameca, Morelos en donde Zapata fue asesinado el 10 de abril de 1919.

Los Gobiernos de la Revolución

Con Carranza se inició el periodo de los gobiernos revolucionarios, aunque él representó el espíritu conservador pues reprimió el movimiento obrero y terminó con Zapata. Carranza fue enemigo del militarismo y por ello influyó para que lo sucediera un civil, el ingeniero Ignacio Bonillas, una persona desconocida que nada podía contra el prestigio del general Alvaro Obregón, candidato del Partido Liberal Constitucionalista y del Ejército, de suerte que en 1920 la contienda política adquirió caracteres muy serios. En Sonora, el gobernador Adolfo de la Huerta y el general Plutarco Elías Calles proclamaron el Plan de Agua Prieta desconociendo a Carranza como Presidente de la República, todas las tropas se levantaron en armas reconociendo dicho Plan. Entonces Carranza, al verse amenazado en la capital, salió con su gabinete con rumbo a Veracruz, siendo asesinado en la sierra de Puebla, en una aldea llamada Tlaxcalaltongo, el 21 de mayo de 1920. La muerte de Carranza dejó a la nación en manos de los triunfantes del Plan de Agua Prieta que designaron Presidente interino, para terminar el periodo de Carranza a don Adolfo de la Huerta. Este se ocupó en pacificar el país, fue reconocido por los zapatistas y Francisco Villa aceptó la amnistía, el gobierno le regaló la hacienda de Canutillo en Durango, para que se dedicara a las labores agrícolas, cubriéndole todos sus gastos. Posteriormente fue asesinado en Parral, Chihuahua, el 20 de julio de 1923.

De la Huerta procedió a convocar a elecciones, resultando electo el general Alvaro Obregón para Presidente Constitucional de la República, de 1920 a 1924. En 1921, el gobierno norteamericano propuso a Obregón la firma de un Tratado de Amistad y Comercio, que después de una serie de pláticas y acuerdos se llevó a cabo entre De la Huerta y Mr. Lamont, por el cual el gobierno mexicano reconocía una deuda de 1 400 millones de pesos, recibiendo a cambio el reconocimiento y apoyo de los intereses norteamericanos.

En agosto de 1923 se firmaron los "Tratados de Bucareli", por los cuales el gobierno norteamericano reanudaba sus relaciones diplomáticas, a cambio de salvaguardar las propiedades en México. El gobierno de

Obregón se caracterizó por haberle dado impulso muy fuerte a la educación pública, de la cual se encargó el licenciado José Vasconcelos; repartió tierras de ejidos y fundó dos centrales obreras: la Confederación Regional Obrera Mexicana (CROM) y la Confederación General de Trabajadores (CGT).

La sucesión presidencial dio lugar a nuevos disturbios debido a las candidaturas del general Plutarco Elías Calles y don Adolfo de la Huerta, ambos miembros del gabinete obregonista, pero como Obregón apoyaba a Calles, De la Huerta se sublevó en Veracruz en diciembre de 1923 y otros jefes militares, en diferentes partes del país. El general Obregón logró batir a los rebeldes de manera que para fines de febrero de 1924, quedando dominada la situación, se efectuaron las elecciones y el Congreso declaró Presidente al general Plutarco Elías Calles, quien tomó posesión de su cargo el 1o. de diciembre de 1924.

El general Calles se perfiló como un verdadero estadista; se ocupó de la educación rural y agrícola; construyó carreteras y obras de irrigación; dotó de ejidos a los campesinos; fundó el Banco de México para regular la política hacendaria; inició el pago de la deuda exterior; habiendo diferentes grupos políticos en los Estados, que obraban sin concierto y sin orden, fundó el Partido Nacional Revolucionario para dirigir en una sola línea la política del país. El PNR sufrió transformaciones, y actualmente es el Partido Revolucionario Institucional, PRI, pero preserva el mismo espíritu con el que fue creado. Sin embargo, el gobierno de Calles no supo manejar con habilidad un problema sencillo, planteado por el clero católico, que originó una rebelión armada, denominada de los "Cristeros", que intranquilizó al país de 1927 a 1929.

En enero de 1927 se planteó el problema de la sucesión presidencial; se enmendó la Constitución para postular por segunda vez al general Obregón, lo cual originó el levantamiento de los generales Arnulfo R. Gómez y Francisco Serrano, quienes fueron aprehendidos y fusilados. El general Obregón fue reelecto, pero un fanático religioso lo asesinó durante un banquete que le daban sus partidarios en San Angel, Distrito Federal, el 17 de julio de 1928.

El Congreso designó entonces al licenciado Emilio Portes Gil para que sustituyera al general Obregón, tomando posesión del cargo el 1o. de diciembre de 1928. Portes Gil llevó a cabo una labor conciliadora que terminó el problema religioso, sobre la base de un respeto absoluto a la Constitución. Su gobierno concedió plena autonomía a la Universidad Nacional de México y puso en vigor las nuevas leyes agrarias y obreras. Terminado el interinato, se convocó a elecciones que tuvieron efecto en noviembre de 1929, resultando electo el ingeniero Pascual Ortiz Rubio, quien finalizó el periodo que hubiera correspondido al general Obregón. El gobierno de Ortiz Rubio se encontró frente a una crisis económica producida por la devaluación de la plata, por la que el peso mexicano, de 3.60 por dólar, llegó a valer cuatro pesos por moneda norteamericana.

Dos años y medio después de iniciado su gobierno, el ingeniero Ortiz Rubio tuvo graves dificultades políticas con el "Jefe Máximo de la Revolución", como le llamaban al general Calles, por lo cual prefirió entregar su renuncia a las Cámaras que nombraron para sustituirlo al general Abelardo Rodríguez, quien tomó posesión el 2 de diciembre de 1932. Intensificó el reparto agrario y estableció la Ley del Salario Mínimo, ayudando así a la clase trabajadora, al mismo tiempo que prestó su apoyo a las empresas de grandes capitales, fortaleciendo así a la naciente burguesía nacional.

En las nuevas elecciones resultó designado por el voto popular el general Lázaro Cárdenas, quien tomó posesión de su cargo como Presidente Constitucional de la República el día 1o. de diciembre de 1934. Su gobierno se caracterizó por el gran impulso al reparto de tierras, concediendo los grandes latifundios de La Laguna, en Durango y Coahuila, y de Yucatán, a millares de campesinos. Se creó el Banco Nacional de Crédito Ejidal para apoyar económicamente a los ejidatarios; se incrementó la educación rural. Pero sobre todo, Cárdenas tuvo el valor de enfrentarse a las grandes compañías petroleras extranjeras expropiando y nacionalizando la industria del petróleo y el sistema ferrocarrilero del país, que puso en manos de los trabajadores. Para unificar la política sindicalista obrera, se creó la Confederación de Trabajadores de México (CTM). En política internacional ayudó a la República Española en su lucha contra el fascismo, recibiendo en el país al Gobierno Republicano en el Exilio, rechazando todo trato diplomático con el franquismo y brindando acogida a miles de españoles que huían de la dictadura.

Terminado su periodo de seis años, el general Cárdenas entregó la presidencia al general Manuel Avila Camacho el 1º de diciembre de 1940, quien debía terminar el 30 de noviembre de 1946. Realizó una gestión de unificación nacional, con atención especial a la educación, pues se creó el Colegio Nacional, el Seminario de Cultura y la Comisión de Investigación Científica y se emprendió la Campaña contra el Analfabetismo. En lo económico, se renovó la Nacional Financiera, el Banco de Comercio Exterior y se fundó el Instituto del Seguro

Social, así como también se llevaron a cabo grandes trabajos para la electrificación. Como consecuencia de los ataques de que fueron objeto barcos mexicanos por las potencias del Eje Nazifascista, se declaró la guerra a los países agresores el 22 de mayo de 1942, se implantó el servicio militar obligatorio y se mandó un escuadrón aéreo para tomar parte en la campaña del Pacífico contra los japoneses. Cuando el general Avila Camacho iba a terminar su periodo constitucional, convocó a elecciones, resultando elegido el licenciado Miguel Alemán Valdés para gobernar al país de 1946 a 1952.

Durante su gobierno, el licenciado Alemán se ocupó de la construcción de escuelas, de presas, de carreteras y de servicios médicos asistenciales. En el campo se produjo una epidemia de fiebre aftosa, por lo cual hubo que sacrificar miles y miles de cabezas de ganado, produciendo esto un serio desequilibrio moral y económico. La situación del país hizo que se produjera una devaluación de la moneda nacional. Asimismo, el gobierno de Alemán llevó a cabo la construcción de la Ciudad Universitaria, en la cual se establecieron todas las facultades de la Universidad Nacional.

En las elecciones de Poderes Federales, efectuadas el 6 de julio de 1952, resultó favorecido por el voto popular don Adolfo Ruiz Cortines, quien tomó posesión de la Presidencia el 1º de diciembre de 1952, consolidando una recia estructura económica, política y social basada en la justicia. Mejoró los salarios y llevó a cabo grandes obras de beneficio colectivo: hospitales, nuevas carreteras y ferrocarriles. Fue un gobierno consistente y progresista.

El 1º de diciembre de 1958 tomó posesión de la Presidencia de la República, por voluntad del pueblo, el licenciado don Adolfo López Mateos, quien siguió la norma de "gobernar por la Ley, vigilar el respeto de la soberanía y llevar a México hacia el progreso bajo la divisa de Unidad, Trabajo y Patriotismo". López Mateos llevó a cabo algunos viajes al extranjero, que rindieron muy buenos frutos pues abrieron nuevas rutas al progreso nacional.

El nuevo Presidente de la República fue el licenciado Gustavo Díaz Ordaz, quien asumió la Presidencia el 1º de diciembre de 1964. Durante su gobierno se estabilizó el valor de la moneda, se prosiguió la política agraria, educativa y se construyó el Sistema de Transporte Colectivo (el Metro) en la capital. Cumpliendo con el gran compromiso internacional, el gobierno mexicano llevó a cabo las Olimpiadas de 1968 en forma extraordinaria y por demás fraternal. Al gobierno del licenciado Díaz Ordaz se le ha criticado duramente por la represión de los tumultos estudiantiles, si es que así se les pueden llamar a los incidentes que estuvieron a punto de trastocar el sistema en los precisos momentos en que se llevaba a cabo la inauguración de la Olimpiada.

Sucedió en la presidencia de la República al licenciado Díaz Ordaz, el licenciado Luis Echeverría Alvarez, del 1º de diciembre de 1970 al 30 de noviembre de 1976. El gobierno de Echeverría se caracterizó por su propia actitud, sumamente activa pero desordenada y sin una línea de acción precisa, en todo puso mano pero no completó casi nada. Fue muy original e hizo cosas inusitadas: apoyó a Castro Ruz, y desconoció de inmediato al gobierno chileno surgido de un golpe militar; llevó a cabo un sin fin de obras, muy caras, que han dejado mucho que desear; pero imposible negarlo, el licenciado Echeverría quería que el país progresara a pasos agigantados. Le dio mucho énfasis a la creación de un grupo de países en vías de desarrollo, a los que llamó del Tercer Mundo; formuló y expuso un documento internacional que llamó Carta de Deberes y Derechos de los Estados y proclamó la ampliación del mar territorial. Todas estas actividades lo llevaron a viajar constantemente, en el territorio nacional y en todos los países del mundo; hostilizó con furia a la iniciativa privada. Los gastos múltiples y sin medida, así como una marcada política antinorteamericana y problemas de gran altura internacional, produjeron, durante el régimen de Echeverría, una tremenda devaluación de la moneda mexicana, poniéndola a veintitrés pesos por un dólar, por lo que el país perdió la confianza en el gobierno.

El licenciado José López Portillo fue Presidente de México del 1o. de diciembre de 1976 al 30 de noviembre de 1982, en su toma de posesión dirigió al pueblo palabras alentadoras señalando la necesidad de recuperar la confianza ya que se contaba con recursos suficientes. Creó la Secretaría de Programación y Presupuesto para desarrollar las labores sobre estudios previos; formuló leyes para regular las erogaciones y la deuda pública, impulsó la empresa naviera multinacional del Caribe y la industria cafetalera. En el plano internacional reestableció relaciones diplomáticas con España; efectuó la Reunión Norte-Sur en Cancún, Quintana Roo, con la asistencia de jefes de estado de diversos países y trató de fortalecer las relaciones con otras naciones. El desarrollo económico se basó en la explotación de mantos petrolíferos y en la obtención de créditos en el extranjero y, poco antes de finalizar el sexenio, se nacionalizó la Banca.

El siguiente Presidente de la República, durante el periodo del 1o. de diciembre de 1982 al 30 de noviembre de 1988, fue el licenciado Miguel de la Madrid Hurtado, quien recibió el cargo en una época difícil a causa de la crisis y el incremento de la deuda externa. Su acción política se basó en la renovación moral, por lo que expidió la Ley Federal de Responsabilidades de los Servidores Públicos, comenzó la reestructuración de los cuerpos policiacos y creó la Secretaría de la Contraloría General de la Federación. En el ámbito internacional participó en el Grupo Contadora para lograr la paz en Centroamérica y, como integrante del Grupo de los Seis, emitió un comunicado para poner fin a la carrera armamentista. A raíz de los sismos de septiembre de 1985, comenzó el Programa Emergente de Vivienda y se puso en marcha la Comisión de Reconstrucción. En otros renglones, se tomaron medidas para la renegociación de la deuda externa, se negoció el ingreso de México al GATT (Tratado General de Aranceles y Comercio), se terminó el proceso de incorporación de los bancos al estado, comenzó el Programa de Descentralización de la Administración Pública y se firmó el Pacto de Solidaridad Económica.

El nuevo Presidente del país, el licenciado Carlos Salinas de Gortari, asumió la Presidencia el 1o. de diciembre de 1988; al principio de su gestión se firmó el Pacto para la Estabilidad y el Crecimiento Económico (PECE), luego se hicieron trámites para la renegociación de la deuda externa, se inició el Programa Nacional de Solidaridad (PRONASOL), dio comienzo el proceso de reprivatización de la Banca y de varios organismos paraestatales, y se tomaron medidas para la conservación del medio ambiente. En el plano internacional el jefe del Ejecutivo participó en la I. Cumbre para la Infancia y fue anfitrión de la I. Cumbre Iberoamericana realizada en Guadalajara, Jalisco. Se reanudaron las relaciones diplomáticas con la República de Chile y se firmó un Tratado de Libre Comercio con esa nación. Por otro lado, también se iniciaron las negociaciones formales para poner en práctica el Tratado de Libre Comercio entre México, Estados Unidos y Canadá.

Impreso en:
Edimsa, S.A. de C.V.
Av. Tláhuac No. 43-F
Col. Santa Isabel Industrial
09820 - México, D.F.
1000 ejemplares
México, D.F. Noviembre, 1996